Ulrich Krum(in)

Leben mit Bienen

Ein Hinweis auf Rücksicht und Umsicht

Essayistisches Sachbuch

2016

Gewidmet
dem Brandenburger Imker-Verein Friedersdorf,
den dortigen Freunden und Kollegen
(überwiegend Männer, deshalb nur die männlichen Formen!)

Der Autor verdankt dem Verein viel, wo er das Imkern
gelernt hat.

Als er 2003 dorthin kam, saßen fünf Männer um einen Tisch,
die davon schwärmten, wie zur DDR-Zeit der Verein 50 bis 60
Mitglieder gehabt hatte.
Damals zahlten die staatlichen Honig-Aufkaufstellen den
Imkern einen mehrfach höheren Preis für den Honig, als der
Kunde später im Laden für den Honig bezahlte (!).
So wurde damals das Imkern gefördert.
Nach 1989 brach diese Arbeit zusammen.

Die Zeit vergeht. Von den alten Imkern von 2003 ist kaum
noch einer aktiv.
Stattdessen hat der Verein inzwischen jedoch etwa 20 jüngere
Mitglieder, darunter erfreulicherweise etliche Frauen,
einigen davon durfte der Autor einiges über das Imkern
zeigen und erklären.

Die Veröffentlichung will solche Arbeit mit Bienen anregen.
Mögen diese Vereine im Interesse der Bienen blühen und
gedeihen.
Im Verein kann man erfahren, wie die Brandenburger
Landesregierung inzwischen wieder das Imkern fördert.

Inhalt

Geleitwort

Ich bin Obmann für Öffentlichkeitsarbeit im Landesverband Brandenburgische Imker E.V.

Ich imkere seit 2003 mit 15 bis 20 Völkern. Meine Arbeit als Obmann umfasst die Zusammenarbeit mit den Medien, zum Beispiel mit dem Radio, dem Fernsehen und etlichen Zeitungen.

Mit Freude nehme ich wahr, dass immer mehr Pressevertreter an der Situation der Bienenhaltung interessiert sind.

Ich gehe in Kindergärten, Schulen, Gartenvereine und vor viele andere Gremien, die sich jetzt verstärkt mit Fragen der Bienenhaltung beschäftigen.

Dieses Büchlein ist ein Beitrag zu dieser Arbeit. Es gibt einen Einblick aus der Sicht des Autors auf die phantastische Arbeit an und mit den Bienen.

Jeder Imker hat seinen Arbeitsstil. Der Imker Ulrich Krum beschreibt hier seinen persönlichen Weg zu einer erfolgreichen Imkerei.

Viele Imker sind Praktiker, Ulrich Krum hat sich neben den imkerlichen Weiterbildungsangeboten in Brandenburg auch mit der Geschichte der Imkerei und der entsprechenden Literatur befasst.

Moderne erfolgreiche Imkerei erfordert heutzutage lebenslange Bildungsbereitschaft.

„Leben mit Bienen" wird diesem Anspruch gerecht.

Dem Leser wünsche ich mit diesem Werk viel Vergnügen.

Holger Ackermann, Groß Schauen, im Juli 2016

Einleitung

Ein Spaziergänger durch die Vororte deutscher Städte nimmt immer wieder mit Freude und gewisser Anerkennung die gepflegten Vorgärten zur Kenntnis: Englische Rasenflächen, kurz geschnitten, eingefasst von grünen Gehölzen, meist Tännchen oder ähnliche Nadelhölzer, selten, dass da was blüht.

Schon als Kind fand ich solche Gärten langweilig, vor allem, weil es da niemals etwas zu naschen geben würde.

Nun als Imker sehe ich das aus ähnlichen Gründen ebenso ohne positive Gefühle: Welchen Nutzen zieht daraus die Natur? Was haben da die Bienen zu finden?

Macht man sich klar, wozu solche Formen von Monokultur führen? Solche Gärtenanlagen und die dahinterstehende Haltung der Besitzer?

Der Tod oder das Aussterben irgendwelcher Tiere ist doch sicher nicht beabsichtigt.

Die Verantwortlichen denken dabei wohl vor allem daran, mit diesen Grünanlagen, die man ja kaum als Garten bezeichnen möchte, möglichst wenig Arbeit zu haben.

Mehr als Rasenschneiden soll doch bitte niemand erwarten, Laubfegen wäre eigentlich schon unzumutbar.

Warum kann man sich nicht zu einer anderen Logik bequemen

Warum muss immer der ganze Rasen im Garten kurzgehalten werden?

Warum lässt man keinen Raum für irgendwelche Wiesenstücke, wo verschiedenes blüht?

Warum nicht einige wilde Erdbeeren darunter? Oder ein Busch mit Himbeeren, Johannisbeeren oder Stachelbeeren?

Wer eine spätere Verarbeitung überreicher Ernten fürchtet:
Warum hat man dann nicht auch den Mut, reife Beeren, die
niemand mehr pflücken kann oder will, der Natur und
anderen Tieren zu überlassen, wie es im Walde doch auch
nicht anders geschehen würde?

„Leben mit Bienen" könnte von der Intention her genauso
„Leben mit Tieren" heißen. Aber da ich seit vielen Jahren
imkere, kann ich mich zum Leben mit Bienen konkreter
äußern.
Das tue ich im Folgenden und hoffe auf Interesse.
Fleißige Bienchen dienen als Bild dafür, andere - meist
weibliche – Wesen für sich arbeiten zulassen.
Dagegen stelle ich: Alle Kreaturen sollten in dieser Welt
partnerschaftlich miteinander umgehen. Hier wird gezeigt,
dass respektvoller Umgang auch das menschliche Leben mit
Bienen und ähnlichen Tieren sinnvoll bestimmen kann.

In der älteren Imker-Literatur wird das Bild des „guten
Bienenvaters" beschworen, nichts gegen das Wort „gut"
dabei, aber jeder familiäre Vergleich, jeder Paternalismus,
erscheint durchaus unangebracht. Auf ihre Art sind Bienen
fremde Wesen, deren Eigenart anerkannt und respektiert sein
soll.

Es geht im Folgenden um das menschliche Leben mit den
Honigbienen.
Immer wieder erinnert man dazu ein Wort, das man auf
Einstein zurückführt. Ihn zitiert im Jahre 1941 eine kanadische
Zeitschrift:
Vier Jahre nach dem Aussterben der letzten Bienen sterben
auch die Menschen, das in einer großen Katastrophe, ähnlich
den Wirkungen einer Kernexplosion.
Wie soll man überprüfen, ob dieses Wort stimmt?
Ernsthaft wird das niemand ausprobieren wollen, das Risiko
dürfte zu groß sein.

Wie soll man sich ein Leben mit Bienen vorstellen?
Ich will hier gar nicht vom romantischen Summen der Bienen
beginnen, von der Stimmung blühender Obstbäume und den
sie umschwirrenden Hummeln und Honigbienen.
Mancher hat Angst vor solchen Insekten, fürchtet einen
allergischen Schock oder weitere Ungelegenheiten.
Kaum einer kann wirklich genau Bienen und Wespen
unterscheiden – viele von uns meinen, dazu auf den ersten
Blick in der Lage zu sein.
Aber es gibt außer den Honigbienen, mit denen sich die Imker
beschäftigen, über hundert Arten wilder Bienen, die in
Erdlöchern leben u. ä. Ebenso auch viel Arten von Wespen,
die Hornissen sind dabei die auffälligsten.
Die Farben „schwarz" und „gelb" sieht man bei
unterschiedlichen Arten, nur ein wirklicher Fachmann kommt
da zu einem sicheren Urteil.
Alle diese Tiere sind gesetzlich geschützt und recht nützlich!
So lästig Wespen auf einem Kuchen-Buffet sein mögen – im
Alltag vernichtet jede Wespe täglich eine größere Anzahl
anderer Insekten – alle die Menschen, die Wespen oder
Hornissen bekämpfen, sollten sich diese anderen Insekten vor
Augen halten, die werde sie genauso wenig um sich haben
wollen wie Wespen oder Hornissen.
Deshalb dürfte sinnvoll sein: Distanzierter Respekt.
Hummeln, Bienen, Wespen und Hornissen sind jedenfalls
gute Indikatoren dafür, dass unsere Umwelt noch nicht ganz
kaputt ist und dass chemische Gifte noch nicht alles
bestimmen.

Mancher Mensch mag Honig, manch anderer weniger oder
gar nicht. Manche aggressiven Veganer beschimpfen Honig
als „Bienen-Kotze" und bleiben ablehnend.

Die Bibel berichtet, dass dem Volk Israel bei seiner Wanderung durch die Wüste ein Land versprochen wird, in dem „Milch und Honig fließt" (z.B. 2. Buch Mose <Exodus>, Kapitel 3, Vers 8, aber auch an 16 weiteren Stellen).
Für uns Wohlstandsbürger ist „Milch und Honig" kaum eine besondere Verlockung – so hat sich die Zivilisation entwickelt: Veganer lehnen beides ab.
Entsprechend klagen die Milchbauern, entsprechend wenden sich die Imker an die Öffentlichkeit, weil auch sie der Meinung sind, dass es eben kein menschliches Leben geben kann ohne „Milch und Honig", nicht nur in der Bibel.
Ein Imker-Kollege sagt von sich, dass er jede Woche ein Glas Honig verzehrt – das ergibt 25 bis 30 Kg Honig im Jahr. Da er 5 bis 10 Völker be-imkert, hat er damit kein Problem. Man kann von wenigstens 10 Kg Honig pro Volk im Jahr ausgehen, also etwa 20 Gläsern, die meisten Imker ernten deutlich mehr.

Imker stehen bei ihren Erzählungen zu diesem Thema in der natürlichen Reihe der Angler, Jäger usw. und deren „Latein". Da kann man gelegentlich von Völkern hören, die 200 Kg Honig im Jahr liefern. Ich selber halte weder viel von solchen Berichten, noch habe ich Ehrgeiz, damit in Konkurrenz zu treten. Ich begnüge mich mit einigen wenigen Kilo, meist zwischen 10 und 20 Kilo pro Volk, wobei dies Durchschnittswerte sind, siehe unten. Die einzelnen Völker in einem Bienen-Stand liefern sehr unterschiedliche Honigerträge.

Mancher hält industriell abgefüllte Lebensmittel, die in den Supermärkten als „Honig" verkauft werden, für gesund und nützlich – auch wenn die gelegentlich kaum einen anderen Eindruck hinterlassen als süß.

Wer Honig bei Imkern gekauft hat, weiß, dass natürliche Honige sehr unterschiedlich sind, unterschiedlich in der Farbe und in der Konsistenz – also mal sehr flüssig, fast wie Wasser, dann aber auch so Beton-fest, dass jemand vielleicht nach Hammer und Meißel fragen möchte.

Und natürlich sehr unterschiedlich im Geschmack. Neben kräftiger Süße bieten frische Honige ausgeprägte Aromen, je nach den Pflanzen, von denen die Bienen den Nektar geholt haben.

Imker unterscheiden **Frühjahrs-Honige**, in denen sich Pollen von Erlen und Birken finden, Nektar und Pollen von Krokussen und ähnlichen Frühblühern, dann aber auch Löwenzahn und Taubnesseln; dazu die ersten Obst-Blühten, etwa Pfirsiche, Kirsche und Pflaumen, Birnen und Äpfel, schließlich auch die Quitten, so ziemlich die letzten Obst-Blüher.

Parallel achten Bienen auch auf Johannis- und Stachelbeeren. – Die Blüte der Stachelbeere gilt bei Imkern allgemein als das Signal, dass die Bienen von da ab von ihrem Sammeln leben können.

Bis dahin greifen sie auf die Wintervorräte der letzten Monate zurück, sei das gesammelter Honig oder zu-gefütterter Zucker.

Für den Imker ist die Stachelbeer-Blüte ein Zeitpunkt, ernsthaft darüber nachzudenken, dem Bienenvolk einen Honigraum zuzusetzen.

Die Honige der Obst-Blüten sind bei der Schleuderung so flüssig wie alle Honige, werden aber nach dem Abfüllen in Gläser, das dem Schleudern in dem Fall schnell zu folgen hat, in wenigen Tagen fest. Je reiner der Obst-Blüten-Honig, d.h. je weniger ältere Honigreste vom Winterfutter des Vorjahrs darunter sind, desto schneller.

Wenn dann ein Kunde unter dem festen Honig leidet, mag er sich zuerst einmal sagen, dass das eben reiner Honig ist, ohne andere Zusätze. Er kann diesen Honig vorsichtig erwärmen, dann wird der weicher.

Ähnliches geschieht wohl auch bei industriell abgefüllten Honigen, damit man Honig anbieten kann, der gleichmäßig fließt, ohne erneut fest zu werden.

Beim stärkeren Erwärmen wird im Honig einiges von den Stoffen zerstört, die dieses Verfestigen verursachen, darunter Vitamine und Fermente. Damit werden die Aromen zerstört und auch weitere Eiweiß-Verbindungen, die dafür sorgen, dass der Honig unserer Gesundheit nützt.

Deshalb ist industriell behandelter Honig mit unbehandeltem Honig nur schwer zu vergleichen. Da mag sich ein Eindruck nahelegen, es handelte sich nur um einen süßen Brotbelag ähnlich einem Kunsthonig, der nur aus Zucker hergestellt wird.

Mancher macht sich dabei auch klar, dass „preiswerter" Honig im Supermarkt u. a. aus Importen besteht, dass Einiges davon aus Gebieten kommt, wo man für den Käufer unbekannte Chemikalien benutzt, um so billig Honig produzieren zu können usw.

Wie mag solch ein Erzeugnis seinen Preis „wert" sein?

Also: Wenn Sie ihren allzu festen Frühjahrshonig durch Erwärmen erweichen wollen, bleiben Sie vorsichtig! Ähnliches gilt für den Brauch, Honig in heißen Tee zu geben. Auch dabei geht manches im Honig kaputt, je nach Temperatur des Tees. Aber natürlich schmeckt solch ein Tee, der mit Honig gesüßt wird, immer noch sehr viel aromatischer, als wenn Sie nur einen Löffel Zucker hineingeben.

Weiter im Imker-Jahr:

Dem Obst-Nektar folgt für die Bienen der Raps.

Auch **Raps-Honig** wird schnell fest. Da Wander-Imker ihre Völker in Raps-Felder stellen, ist dieser Honig oft sehr rein. Das heißt aber auch, dass er kaum Aromen von anderen Pflanzen bekommt. Er hat seinen Wert für die Gesundheit und schmeckt eben nur wie Raps-Honig – wer das mag, wird damit zufrieden sein. Raps-Honig ist nicht besonders begehrt.

Ganz anders ist es mit dem **Robinien-Honig,** der dann im Bienenjahr hoffentlich auch anfällt. Eine gute Robinien-Blüte ist wetter-abhängig. Zuviel Regen ist schlecht, wenige sehr warme Sonnentage können die Blüte schnell beenden.
Honig von blühenden Robinien oder auch „falschen Akazien" hat ein sehr starkes Aroma, bleibt in reiner Form immer flüssig und wird deshalb auch gern gekauft.
Ich bin ein kleiner Hobby-Imker, habe mal mehr als fünf Völker, mal auch weniger. Wenn ich nach der Robinien-Blüte schleudere, habe ich viel Robinien-Honig, aber dabei auch immer andere Honige darunter, deren Nektar die Bienen vor oder nach der Robinien-Blüte anderswo gefunden haben.
Ich verkaufe das als „Sommer-Honig mit viel Robinie".
Anfangs ist der natürlich flüssig, nach Wochen oder Monaten wird er cremig, meist nie wirklich fest. Er ist also sehr gut auf dem Brötchen zu handhaben, läuft nicht herab und von daher immer sehr beliebt.
Eine weitere Bemerkung zur Robinie kann ich mir nicht verkneifen:
Es gibt Waldbesitzer oder Förster, die Robinien bekämpfen und in ihren Wäldern ausrotten, da sie die Meinung vertreten, solche Bäume gehörten nicht in einen „deutschen Wald".
Laubwald ihrer Vorstellung besteht aus Buchen und Eichen, ergänzt mit Kastanien, Ulmen, Linden oder Ahorn.
In meinen Augen ist das „floraler Rassismus". Warum bekämpfen solche Menschen nicht auch Tomaten oder Kartoffeln auf unseren Äckern oder Rosen und Tulpen in unseren Gärten? Die sind in Deutschland auch nicht autochthon.

Robinien-Holz wird von allen sehr geschätzt, die ihr Nutz-Holz der Witterung aussetzen – Robinie neigt kaum zum Verfaulen oder Verschimmeln.

Auf die Robinie folgen Honige von der Kastanie oder der **Linde**, die neben mancher kleineren Tracht das Bienenjahr im engeren Sinne abschließen – wir sind dann Anfang Juli.
Zu dem Zeitpunkt **schleudern** die Imker **ab** (siehe unten), d. h. sie nehmen den Honigraum von den Beuten, schleudern, was sie den Bienen noch wegnehmen wollen, und geben dafür Zuckerwasser, damit die Bienen sich davon einen Wintervorrat anlegen an Stelle des geraubten Honigs.
In dieser Situation entscheiden sich Imker sehr unterschiedlich.
Es gibt Imker, die ihren Bienen fast allen Honig abnehmen, den kompletten Honigraum, aber auch weitere Honigwaben im Brutraum. Sie sind dann stolz auf ihre „guten" Ergebnisse, ihre hohen Honigerträge, siehe oben.
Die Bienen überwintern bei ihnen nur mit Zuckerwasser.
Ich gehöre zu den Imkern, die den Bienen nur wenig Honig abnehmen. Ich füttere normalerweise schon seit Jahren für den Wintervorrat keinerlei Zucker dazu.

Mancher wird sich wundern, warum bereits Anfang Juli das Bienenjahr im allgemeinen Sinne beendet ist – es gibt doch noch weitere Pflanzen, die blühen, jeder hat doch auch vom Heide-Honig gehört, der bis in den Herbst gesammelt werden kann.
Heide-Honig ist wirklich ein besonderes Kapitel, das nur Imker betrifft, die in der Heide leben oder Heide in irgendeiner Form nutzen können. Dazu später mehr.
Imker müssen bei uns ziemlich früh zum „Abschleudern" kommen, um die Varoa-Milbe zu bekämpfen.

Seit dreißig bis vierzig Jahren leiden in Deutschland die Honigbienen unter dieser Milbe, die aus Asien eingeschleppt wurde.

Diese Milben vermehren sich in der Bienen-Brut, lassen die Brut absterben vor dem Schlüpfen oder verletzen die schlüpfenden Bienen derart, dass ihre Flügel sich nicht richtig entwickeln oder dass sie sonst verkrüppelt erscheinen.

So sterben die Völker, wenn man die Milben nicht bekämpft. Von Milben stark geschädigte Völker sterben auch oft an Infektionen oder anderen Bienen-Krankheiten, die von gesünderen Völkern überwunden werden können.

Deshalb müssen die Imker sich Gegenmaßnahmen einfallen lassen.

Mancher setzt dabei auf eine „chemische Keule". Im Fachhandel kann man da manches kaufen, was Milben vergiftet, aber natürlich auch die Bienen schädigt und daneben für die behandelnden Menschen nicht nur ungefährlich ist.

Das möchte natürlich niemand im Honig haben. Also wird vorher abgeschleudert. Der Honig, der danach davon mitbetroffen sein mag, soll nur noch Winterfutter der Bienen sein.

Ich gehöre zu den Imkern, die die Milbe nur mit natürlichen Mitteln bekämpfen, also mit Ameisensäure. Dies ist das Gift, das die Bienen in ihrem Stachel verwenden, das also auch die Menschen bekommen, die gestochen werden. Bienen vertragen sehr viel von der Ameisensäure, jedenfalls deutlich mehr, als die Milben.

Es gibt also Verdunster im Fachhandel zu kaufen. In die füllt man 100 bis 150 Milliliter 60 prozentige Ameisensäure.

Nach dem Abschleudern hängt man diese Verdunster in die Beute. Je nach Wetter und den Temperaturen verdunstet der Inhalt in einige Tagen, nach einer Woche entnimmt man den Verdunster, und die Bienen sind vorläufig weitgehend vor Milben geschützt.

Der Beutenboden ist normalerweise offen, ein Gitter hindert die Bienen dort am Verlassen der Beute.

Imker legen unter den Boden, also unter das Gitter, eine weiße Platte, auf die die Milben fallen. Hier kann man sehen, wie stark der Befall war, den die Ameisensäure gestoppt hat: ein mehr oder weniger dunkler Fleck von toten Milben, hunderte, tausende, je nachdem.

Diese erste Behandlung im Juli soll Ende August, im September oder spätestens im Oktober wiederholt werden. Zu spät ist ungünstig, da bei niedrigen Temperaturen die Verdunstung nicht besonders gleichmäßig verläuft.

Seit Jahren komme ich mit dieser doppelten Ameisensäure-Behandlung gut hin. Ich habe in den letzten Jahren keinerlei Winterverluste an Bienen-Völkern gehabt.

Von anderen Imkern weiß ich, dass sie im November/Dezember eine weitere Behandlung mit Chemikalien vornehmen. Aber solche Chemikalien belasten dann eben auch die Bienen und können ihrerseits dazu führen, dass Völker im Winter zusammenbrechen.

Aus Imker-Büchern früherer Zeiten weiß ich, dass im 19. Jahrhundert die Imker regelmäßig mit Winter-Verlusten von 30 % gerechnet haben – auch ohne die Milbe.

Da Imker von jedem gesunden Volk im Sommer mindestens einen Ableger bilden können, haben sie gelernt, mit solchen Verlusten zu leben, ohne dadurch in größere Probleme zu kommen.

In der Presse liest man gelegentlich diesbezügliche Panik-Meldungen. Völkerverluste von etwa 30 % im Winter sind solange kein wirkliches Problem für die Bienen, wie sich Menschen finden, die als Imker die hohe natürliche Fruchtbarkeit der Bienenvölker aktiv begleiten, dass die Gesamtzahl der Bienenvölker stabil bleibt.

Und solange die Umwelt-Bedingungen ein Imkern ermöglichen – oder besser gesagt: fördern.

Imker sind meist in Vereinen organisiert. Hat ein Imker Pech und er verliert im Winter einmal alle seine Völker, wird er Vereinskollegen finden, die ihm mit neuen Völkern aushelfen. Derartiges geschah früher und geschieht auch heute immer wieder – sei es die Milbe, sei es die „amerikanische Faulbrut" oder irgendwelche chemische Vergiftung durch Insekten-Pulver, Sprühen, Spritzen u. ä. – verursacht oft von „lieben Nachbarn", die sich nicht klarmachen, was sie mit ihren Chemikalien alles bewirken, auch wenn den Bauern allein ihre Ernte wichtig ist oder mancher Gartenbesitzer so seine Ameisen bekämpft.

Unlängst ging es hier durch die Zeitungen, dass ein langjähriger Imker in einem Winter etwa 30 Völker verlor, alle Bienen, die er hatte.

Als erfahrener Vereinsvorsitzende wusste er, was Imker nur immer wissen können.

Imkerei wird seit Jahrtausenden betrieben; dennoch erleben wir Imker immer wieder Überraschungen, die wir uns nur schwer erklären.

Auch nach vielen Jahren gilt für einen Imker: Jedes Jahr bringt neue Besonderheiten.

Wie gesagt, mit größeren Völker-Verlusten - verursacht durch eigene Ungeschicklichkeit oder leichtfertig und verantwortungslos initiiert von außen - muss jeder Imker immer wieder rechnen. Da hilft nur die Solidarität der Kollegen.

Die Ameisensäure geht nicht wirklich in den Honig. Der Dunst verliert sich in vier bis sechs Wochen. Dennoch soll man natürlich nicht direkt nach einer Ameisensäure-Behandlung Honig schleudern und zum Verkauf abfüllen.

So haben Imker ihre guten Gründe, das Bienen-Jahr Anfang Juli zu beenden.

Natürlich sammeln die Bienen auch danach Honig, manche Völker viel, andere deutlich weniger.

Ich habe im letzten Jahr z. B. fünf Völker „eingewintert", d.h. mit Winterfutter versehen, also ihren Honig gleichmäßig auf die Völker verteilt und die Völker mit Ameisensäure gegen die Milbe behandelt, dass sie alle ein Gewicht von knapp 40 Kilogramm hatten. Ein Volk hat danach noch im Herbst sein Gewicht auf über 50 Kg gebracht, im Januar hatte es noch mehr als 40 Kg, die anderen vier Völker lagen zu der Zeit zwischen 25 und 28 Kg.

Mitte April, also zur Zeit der Stachelbeer-Blüte, hatten die vier schwächeren Völker zwischen 22 und 26 Kg, das besonders schwere bereits wieder 41 Kg, nachdem es Anfang April nur noch 35 Kg gewogen hatte.

Man sieht daraus, dass Bienen Lebewesen sind, die sich ausgesprochen individuell verhalten. Ein Bienenstock, ein Bienenvolk ist keine Maschine, die bei sachgerechter Behandlung auch angemessen und gleichförmig funktionieren muss.

Das sind Lebewesen, bei denen man genauso mit Überraschungen zu rechnen hat wie bei allen anderen Kreaturen.

Vielleicht hat meine Erzählung über solch ein Bienenjahr Ihr Interesse gefunden.

Ich hoffe das zumindest. Einmal, weil ich wie alle Menschen etwas eitel bin und gerne Zustimmung finden möchte.

Sodann aber auch, weil ich davon überzeugt bin, dass an dem oben zitierten Wort doch eine Menge dran ist: Eine Welt ohne Bienen ist unbedingt zu vermeiden.

Deshalb möchte ich möglichst vielen Menschen die Welt der Bienen näherbringen. Sie müssen keinesfalls alle Hobby-Imker werden wollen, aber Sie sollten doch von dem allen so viel mitbekommen wollen, dass Sie in der Lage sind, der Bienen-Pflege und Bienen-Haltung nicht im Wege zustehen oder sie unabsichtlich zu behindern, sondern im Gegenteil sie zu verstehen und zu unterstützen.

Viele von uns lesen in Kochbüchern oder auch die gelegentlich andernorts angebotenen Rezepte, ohne danach gleich in die Küche zu stürzen, um das Gelesenen auszuprobieren – die Lektüre verstärkt die jeweilige Übersicht und hilft so indirekt jedem, der daran Anteil nimmt. Entsprechend nutzen Sie diesen Text wie eines Ihrer Kochbücher!

Man kann den Bienen und den Imkern helfen, auch ohne selber sehr viel zusätzliche Arbeit oder Bemühung auf sich nehmen zu müssen.

Deshalb lade ich Sie ein, hier meine Erzählungen über das Imker-Hobby zu lesen.

Auch wenn Sie danach das Buch zur Seite legen und keine weiteren Aktivitäten ins Auge fassen, werden Sie ihre Umwelt mit anderen Augen betrachten.

Also lassen Sie sich ein Stück auf die Welt der Honigbienen ein!

Die Hobby-Imkerei, Einstieg und Grundausstattung

Man sagt, das Hobbies Geld kosten. Ich imkere jetzt im 14.Jahr und kann feststellen, dass im Blick auf die Finanzen Imkern zu den wenigen Hobbies gehört mit einer schwarzen Null. Ich habe anfangs etwa 3000 Euro ausgegeben, dies Geld aber über die Jahre durch den Verkauf von Honig und von Bienenvölkern wieder eingenommen. Mittlerweile liegen meine Einnahmen recht deutlich über den regelmäßigen Ausgaben für mein Imkern.

Aber wenn man kaufmännisch an die Sache herangeht, braucht man Investitionen und die entsprechende Geduld über einige Jahre, bis man schwarze Zahlen schreiben kann. Ich rede eh' nur von Hobby-Imkern, Berufsimker brauchen wenigstens 200 Völker und haben da natürlich eine eher industrielle Art des Herangehens, die Hobby-Imker leicht abstoßen wird – Stichwort „Massentierhaltung"! Wer den Film „More than honey" kennt, weiß wohl, wovon ich hier spreche.

Traditionell hat ein Imker ein Bienenhaus. An der Vorderfront dieses kleinen Gebäudes aus Holz stehen etwa 10 Holzbeuten, die **von hinten** behandelt werden.

In meinem Umfeld imkern die meisten Kollegen mit dem deutschen Normalmaß (DNM). Das legt die Größe der Waben-Rahmen fest: 394 Millimeter breit mal 223 Millimeter hoch.

Etliche von uns nutzen noch solche **Hinterbehandlungsbeuten**, die zu DDR-Zeiten hier Standard waren.

Andere, so auch ich, imkern mit **Magazinen**, z. B. Segeberger Kunststoffbeuten. Die Magazine stehen zumeist frei und werden **von oben** behandelt.

Also: Hinterbehandlungsbeuten benötigen ein Bienenhaus oder einen Bienen-Wagen,

Magazin-Beuten aus Kunststoff oder Holz stehen frei in der Natur – wo auch immer – und man geht von oben heran an die Bienen und ihren Honig.

Als ich begann und die ersten Pläne machte, kannte ich nur die Hinterbehandlung aus DDR-Zeiten. Entsprechend plante ich ein Bienenhaus mit etwa 1000 Euro Kosten.

Beim Imker-Fach-Händler wollte ich die nötigen Geräte und Utensilien kaufen und ließ mich beraten. Mich begleitete ein älterer Imker, bei dem ich mit der Hinterbehandlung geholfen und gelernt hatte.

Der Händler erzählte von seiner Imker-Praxis und schwärmte von den Segeberger Magazinen. Ich begriff sofort, dass ich die 1000 Euro für ein Bienenhaus sparen konnte und folgte der Empfehlung. Ich kaufte vier Segeberger Beuten.

Mein älterer Kollege reagierte verstört: Da könne er mir nun nicht mehr helfen, das sei eine andere Imkerei.

Dadurch ließ ich mich aber nicht abschrecken.

Mit diesen Segeberger Kunststoffbeuten imkere ich nun seit 14 Jahren, der Kauf hat mir noch keinmal leidgetan. Magazin-Imkern unterscheidet sich in vielen Punkten von der Hinterbehandlung im Bienenhaus.

Ich will weder werten noch missionieren, sondern stelle nur fest: So geht es.

Anders mag es auch gehen.

Das gilt für sehr vieles beim Imkern. Jeder Imker entwickelt seine Methode, die Bienen zu behandeln, ihnen zu begegnen, mit ihnen umzugehen.

Wenn er seine Entscheidungen getroffen hat, soll er seinen Weg konsequent verfolgen und die anderen Imker ihre Wege machen lassen.

Wichtig ist, dass die Bienen sachgerecht gehalten werden und dass der Honig natürlich bleibt, gut schmeckt und hygienisch einwandfrei bearbeitet wird. Alles andere soll jeder handhaben, wie er will.

Magazine haben den Vorteil, dass man sie überall hinstellen kann, auf jede Wiese, neben jedes Feld, in jeden Wald; genauso in der Stadt: In jeden Garten, auf jede Terrasse oder jeden Balkon, ebenso aber auch auf jedes Dach, wie es derzeit gerade in Berlin in Mode zu kommen scheint.
Dabei spart man das Bienenhaus.
Das hat den Vorteil, dass man einen gewissen Aufwand meidet.
Dazu kommt, dass es nicht ganz klar ist, ob man für die Errichtung eines Bienenhauses eine Baugenehmigung benötigt oder nicht. Eine Baugenehmigung bedeutet in jedem Fall bürokratischen Aufwand. Ein Bauantrag kann – aus welchen Gründen auch immer – abgelehnt werden.
Wenn der Imker im Verein organisiert ist, können ihm die Anwälte des Vereins helfen – die sind anders als freie Anwälte - auf die Rechtslage spezialisiert.
Im Baugesetz steht ein Passus, dass alle Gebäude mit einem Fundament eine Baugenehmigung benötigen.
Braucht man unbedingt ein Fundament?
Benötigt auch ein Bienenwagen eine Genehmigung?
Gilt das auch für „stationäre Bienenwagen"? Also solche ohne Räder?
Wahrscheinlich wird sich mancher in der Sache an den Satz halten, dass ‚wer viel fragt, auch viele Antworten bekommt'.
Oder man betreibt eben Magazin-Imkerei.
Ich kenne aber auch Magazin-Imker, die einige Jahre ohne Bienenhaus ge-imkert haben, die aber später dann doch zu der Einsicht kamen, sich – wie auch immer – solch ein Bienenhaus als kleines Gartenhaus einzurichten.

Hier haben sie einmal alle ihre Utensilien beieinander. Dann steht da auch ihre Schleuder und die angefüllten Honiggläser. Aber auch dazu später mehr.

Die Segeberger (Styropor-)Beute hat eine Grundfläche von 50 mal 50 cm. Ich habe mir anfangs entsprechend Steine zu einem Untersatz gelegt, später Gehwegplatten 50 x 50 besorgt und darauf die Magazine gestellt. Dem Kunststoff machte auch der direkte Erdboden nichts aus, aber – damit komme ich zu einem weiteren Vorteil der Magazine! – ich hätte ohne Untersatz Probleme beim Wiegen.

Der aufmerksame Leser hat sich vielleicht oben bereits gefragt: Wie erfährt der Imker die Gewichte seiner Völker? Das geht mit einer mechanischen Federwaage, die mit einem kleinen Streifen Konservenbüchsenblech erweitert wurde: Der Zeiger der Waage schiebt diesen Streifen soweit herunter, dass man den maximalen Ausschlag des Zeigers ablesen kann, auch wenn man die Waage nach dem Wiegevorgang wieder abgesetzt und zum besseren Ablesen in die Hand genommen hat.

An dem Haken der Waage hängt eine Verlängerung und ein großer Blechhaken aus dem Baumarkt, den man unter den Beutenboden schiebt, zuerst von der einen Seite, dann von der anderen.

Die beiden Ergebnisse addiert man und notiert sie in eine entsprechende Tabelle.

Diese Tabellen der letzten 14 Jahre habe ich und nutze sie, indem ich aktuelle Ergebnisse vergleiche und daraus die angemessenen Schlüsse über den Zustand der entsprechenden Völker ziehen kann.

Ich entnehme diesen Zahlen, wann ich schleudern kann, wann ich mit Schwärmen zu rechnen habe und wie weit sich die Völker jeweils in einem gewissen Normalbereich bewegen.

Ich messe zwischen März und Juli wöchentlich, in besonderen Tracht-Umständen zusätzlich, zu anderen Zeiten meist nur monatlich.

Wenn ich im Winter bei einem Volk dreimal nacheinander den selben Wert erhalte, kann ich sicher sein, dass das Volk tot ist – auch zu Zeiten, wenn wetterbedingt nirgends eine Biene fliegt.

Ich habe Kollegen, die in solchen Situationen mit einem Ärzte-Hörrohr an ihren Beuten lauschen, ob sie die Bienen noch hören können.

Sehr bequem hat es der Imker, der über eine Wärmebild-Kamera verfügt. Das Bild zeigt eindeutig das Leben in der Beute, von dem man von außen nichts mitbekommt.

Wenn man sicher ist, dass solch ein Volk tot ist, räumt man es sofort ab, ehe andere Tiere, z.B. Mäuse oder Ameisen, sich dort betätigen.

Den Winterfuttervorrat kann man dann weiterverwerten, wenn das Volk eindeutig nicht an einer Infektion gestorben ist – vorsichtig sollte man aber in jedem Fall bleiben.

Ein totes Volk muss auch deshalb schnell abgeräumt werden und gefährliches Futter unzugänglich entsorgt werden, damit sich nicht andere Völker infizieren.

Ich will weiter beschreiben, was ich an Investitionen vorzunehmen hatte: Die Beuten bestehen aus je einem Bodenteil, drei Zargen, also Rahmen-artige Außenwände der Beute, die mit entsprechenden Falzen auf die Bodenplatte und übereinandergesetzt werden können. Obendrauf kommt ein entsprechend passender Deckel.

In jede Zarge gehören 11 Rahmen. Jeder Rahmen besteht aus vier Holzleisten. Die Deckleiste ist länger als die untere, der Rahmen kann so in die Zarge eingehängt werden, die obere trägt das Gewicht des ganzen Rahmens. Wenn er voll Honig ist, sind das über 2 Kg.

Die Seiten-Leisten sind so geformt, dass sie den Rahmen untereinander den passenden Abstand vermitteln, 35 Millimeter pro Rahmen. So bauen die Bienen die Waben-Rahmen annähernd gleichmäßig aus. Das erleichtert den späteren Umgang – etwa mit vollen Honigwaben – erheblich. Bei mir überwintern die Völker auf zwei Zargen, sie leben also verteilt auf 22 Rahmen. Bei schwachen Völkern sind die nur zum Teil belebt, etwa zur Hälfte. Stärkere Völker nutzen aber bis zu 22 Rahmen.

Dabei kann sich die Wintertraube, zu der sich die Bienen in der Kälte zusammenziehen, in der oberen oder genauso auch in der unteren Zarge befinden. Die Bienen müssen dabei nur gut an ihre Honigwaben herankommen, wo auch immer.

Im April schaue ich einmal in jedes Volk. Auf der Bodenplatte liegen bei manchen Völkern tote Bienen – starke Völker halten ihre Beute sauber, manchen Völkern gelingt das weniger oder gar nicht.

Aber ich habe auch erlebt, dass auf solch einer Bodenplatte eine dicke Schicht toter Bienen jede Lüftung von unten verhinderte. Das Volk bekam dann eine andere saubere Bodenplatte und hat sich wieder völlig erholt.

Bei solcher Kontrolle entferne ich auch Rahmen am Rande der unteren Beute, die Schimmelspuren zeigen. Das gibt es bei schwächeren Völkern gelegentlich.

Wenn es die Situation erlaubt, bereits den Honigraum aufzusetzen, nehme ich alle Waben mit Honigresten des Winterfutters in den Honigraum, setze alte (und deshalb dunklere) Waben an den Rand. Da ich **Warmbau** betreibe, sind die Randwaben bei mir ganz vorne und ganz hinten in der jeweiligen Zarge (Manche Imker bevorzugen **Kaltbau**, da sind die Außenrahmen dann ganz rechts und ganz links an den Seiten). Die freien Plätze in der Mitte fülle ich mit neuen Rahmen aus, bestückt mit **Mittelwänden**, die die Bienen zu einem neuen Brutnest ausbauen können.

Mittelwände nennt der Imker Wachsplatten, die er im Fachhandel kaufen kann. Er tauscht sein „altes" Wachs ein, also das, das er den Waben entnommen hat, die mit den Jahren so alt und so dunkel geworden sind, dass er sie den Bienen nicht mehr zumuten will.

Da gilt bei Imkern die „Handregel": Wenn man solch eine dunkle Wabe vor ein Licht hält und eine Handbewegung zwischen Wabe und Licht durch die Wabe hindurch nicht mehr wahrnehmen kann, dann ist die Wabe „alt" und das Wachs gehört eingeschmolzen.

Dieses „alte" Wachs gibt der Imker in Zahlung und erhält gegen einen Aufpreis gewalzte Wachsplatten im passenden DN-Maß. Die gibt er in die „verdrahteten" - das heißt mit Draht verspannten - Rahmen (siehe unten).

So heißen die beiden unteren Zargen **Brutraum**. Darauf kommt ein **Trenngitter** und darüber die dritte Zarge als **Honigraum**. In diesen Honigraum hänge ich die Honigwaben, die ich dem Brutraum entnommen habe. Die freien Plätze bis zur Gesamtzahl von 11 Rahmen fülle ich wieder durch Rahmen mit Mittelwänden.

Das Trenngitter, das man als solches im Fachhandel erhält, sorgt dafür, dass die Weisel, die Bienen-Königin, nicht in den Honigraum gelangen kann – die Arbeitsbienen können das Gitter passieren.

Die Weisel hat im Honigraum nichts zu suchen. Sie soll im Brutraum ihre Eier legen und den Honigraum brutfrei lassen. Wenn man den Honig schleudert, möchte man keine Brut dabeihaben.

Es gibt Imker, die ohne Trenngitter imkern, weil sie das für unnatürlich halten. Auch ich habe gelegentlich ohne Trenngitter ge-imkert.

Zum Schleudern kann man dann die jeweiligen Außenwaben entnehmen, die in allen Zargen fast immer brutfrei sind.

10 Kg Honig bekommt man auch so aus jedem Volk. Wer auf höhere Erträge wert legt, wird ein Trenngitter benutzen.

Ich halte die Imkerei mit Trenngitter deshalb für sinnvoll, weil ich so bei einem Blick in den Honigraum den Brutraum nicht störe.

Manche Kollegen hängen auch Waben in den Honigraum, auf denen Honig und Brut nebeneinander zu finden sind. Sie warten drei Wochen mit dem ersten Schleudern. Dann ist die Brut ausgelaufen und sie finden im Honigraum keine Brut mehr, sondern nur noch Honig.

In jedem Fall ist so am Anfang gelegentlich Winterfutter im Honigraum, d.h. wenn man mit Zucker zum Winter gefüttert hat, den die Bienen im Winter nicht verbrauchten, bekommt man in den ersten Frühjahrshonig nebenbei Zucker statt richtigem Honig aus der Schleuder(!).

Wer mag das schon?

Für mich ein Argument, für den Winter nicht mit Zucker zuzufüttern.

Nun fragt sich vielleicht ein Leser, warum immer betont wird, dass die elf Plätze für die Rahmen in den Zargen ausgefüllt sein müssen:

Wenn man da freien Raum lässt, muss man schnell mit Wildbau rechnen. Die Bienen, die ihre Waben in einem hohlen Baumstamm errichten, finden dort ja auch keine Mittelwände vor und füllen von daher jeden freien Raum mit irgendwelchem Wabenbau.

Dies hat im 19. Jahrhundert die Imker dazu gebracht, erst den Bienen Leisten anzubieten, daran ihren Wabenbau festzumachen (um ihn später besser entnehmen zu können), noch praktischer haben sich dazu die Rahmen bewährt, wenn es über die Mittelwände gelingt, die Bienen dazu zu bringen ihren Wabenbau in diese Rahmen einzupassen.

Man muss dazu auch nicht immer komplette Mittelwände benutzen, kleine Wachsstreifen, an der oberen Leiste befestigt, veranlassen in der Regel die Bienen ebenso zu dem gewünschten Wabenbau.

Die Rahmen bekommen eine Verdrahtung. Wabendraht mit einer Stärke von 0,4 mm gibt es im Fachhandel. Mancher verdrahtet waagerecht, andere senkrecht. Ich benutze eine senkrechte Trapezverdrahtung, die mir optimal erscheint. Die beiden Enden des Drahts schließt man an einen Trafo an – meist tut es ein Eisenbahn-Trafo -, legt die Mittelwand auf den Draht. Der Strom erwärmt den Draht und die Wachsplatte schmilzt sich in den Draht ein, so dass sie fest mit dem Rahmen verbunden ist.

Das Verdrahten ermöglicht das Schleudern einer gefüllten Honigwabe. Unverdrahtete Rahmen, die von den Bienen durchaus auch ausgebaut und mit Honig gefüllt werden, lassen sich nur sehr schlecht schleudern und der Wabenbau bricht dabei in Stücke. Das führt zu einem mehr oder weniger großen sehr klebrigen Chaos, das jeder Imker, der es einmal erlebt hat, für die Zukunft zu vermeiden suchen wird. Schade um den Honig, der so vertan wird.

Wenn man im April den Honigraum aufsetzt, kann man bei kräftigeren Völkern im Mai bereits schleudern. Wenn ich bei einem Volk ein Gewicht von etwa 50 Kg feststellen kann, schaue ich in den Honigraum und kann in der Regel einige verdeckelte Honigwaben entnehmen. Verdeckelte Honigwaben sind ein eindeutiges Zeichen dafür, dass der Honig in diesen Waben reif ist zum Schleudern.

Für die entnommenen Honigwaben kommen Rahmen mit Mittelwänden auf die freien Plätze oder auch ausgebaute – leere - Waben, je nach dem, was zur Verfügung steht.

Deutlich wird, jeder Imker braucht zu Beginn eines Bienenjahres außer den Rahmen, die in den Bruträumen seiner Völker anzutreffen sind, pro Volk für einen Honigraum elf weitere Rahmen mit Mittelwänden oder ausgebaute Rahmen aus dem Bestand des Vorjahres, dazu weitere in Reserve, um sie, wenn er Schleudern will, gegen volle Honigwaben auszutauschen.

Da der Imker im Mai mit Schwärmen rechnen muss bzw. damit, dass er, um dem Schwärmen vorzubeugen, Ableger bilden wird, wird er eine größere Anzahl weiterer Rahmen vorhalten, die er mit Mittelwänden zum Einsatz - wo auch immer - vorbereiten wird.

Dies sind alles Aufwendungen, die regelmäßige Kosten verursachen, die durch die Honigverkäufe immer wieder abzudecken sind.

Wie geht der Imker mit solchen Kosten um oder was kann er tun, um solche Kosten zu vermeiden bzw. einzuschränken? Wenn man von der Qualität der Kunststoffbeuten überzeugt ist, wird man die kaufen. Manche Imker halten Holzbeuten für natürlicher, für ansehnlicher oder haben andere Gründe, sich dafür zu entscheiden. Die gibt es jedenfalls ebenso als Magazinbeuten unterschiedlicher Hersteller zu kaufen.

Ein Blick ins Internet verdeutlicht vieles, was hier nur angedeutet wird.

Wer sich für geschickt genug hält, mag solche Zargen auch selber aus Holz oder anderen geeigneten Materialien herstellen, ich habe das mit brauchbaren Ergebnissen bei Bodenplatten und Deckeln immer wieder mal erfolgreich versucht.

Einfacher ist dies mit den Rahmen. Man kann die dafür nötigen Leisten aus Holz zuschneiden und zusammennageln. Wenn man die Leisten mit ihren Enden stumpf aneinander nagelt, hält das bei guter Verdrahtung einige Zeit.

Man wird aber immer wieder damit rechnen müssen, dass Rahmen, die über den Winter in einem Brutraum von den Bienen fest verkittet werden, nur in Einzelteilen aufgelöst entnommen werden können. Zumindest ist der erste Waben-Rahmen, den man einer kompletten Zarge entnehmen will, die von den Bienen längere Zeit bearbeitet wurde, oft nur sehr schwer zu lösen.

Man kann fertige Rahmen kaufen, bei denen die kürzeren, aber breiteren Seitenleisten die obere und die untere Längsleiste seitlich umfassen. So bekommt der Rahmen einen deutlich festeren Zusammenhalt. Geschickte Bastler bekommen dies auch fertig, in dem sie das Holz, aus dem sie bauen, entsprechend zuschneiden. Jeder Imker wird da seine Entscheidungen treffen, mehr basteln oder mehr kaufen, je nach seinen unterschiedlichen Möglichkeiten und dem Spaß, den ihm solche Arbeiten möglicherweise verschaffen – das alles ist und bleibt eben Hobby.

Man bekommt auch fertig verdrahtete Rahmen zu kaufen. Aber spätestens, wenn diese Waben „dunkel" geworden sind, wird man sich an die Verdrahtung selber machen müssen. Oder verbrennt solch ein Imker sein altes Material komplett und kauft alles neu?

Möglich wäre das, aber ich kenne niemanden, der sich so verhält.

Im Fachhandel bietet man auch Plastik-Mittelwände an. Die Bienen sollen daran ihre Wachs-Waben befestigen (?), wenn das Wachs dunkel geworden ist, kann man alles einschmelzen und die Plastik-Mittelwand wieder verwenden (?). Ich kenne keinen Imker, der solche Plastik-Mittelwände nutzt und habe so damit keine Erfahrungen.

Stattdessen habe ich gelegentlich versucht, Mittelwände aus eingeschmolzenem Wachs selber zu gießen.

Ich habe dafür aus besonderem Silikon von anderen Mittelwänden einen Abdruck erstellt und in diese Formen Wachs gegossen. Dieses Wachs ist sehr viel brüchiger als die gewalzten Mittelwände, die man kaufen kann.

Aber natürlich kann man mit solchen Abgüssen arbeiten, auch wenn sie ausgebrochene Ecken u. ä. haben. Eingebracht in die Verdrahtung füllen die Bienen die fehlenden Teile mehr oder weniger problemlos aus.

Viele Imker raten dazu, die nötigen Mittelwände selber zu erstellen, da man sein Wachs kennt. Gekaufte Mittelwände mögen Reste irgendwelcher Chemikalien u. ä. enthalten, Dinge, die man seinen Bienen und dem Honig, den man schließlich auch selber essen möchte, lieber ersparen will.

Das macht einige Mühe und erfordert die entsprechenden Versuche, die natürlich anfangs nicht alle gelingen werden.

Aber auf die Dauer spart man dabei nicht nur Geld, sondern auch die Fahrten zum Imker-Handel. Bestellen kann man zwar Mittelwände, dass sie ins Haus geliefert werden. Aber was macht man dann mit seinem gebrauchten Wachs, das man dafür in Zahlung geben will?

Auch hier hat jeder Imker die Freiheit, sich und seine Hobby-Tätigkeit selber zu bestimmen.

Also was macht man mit seinem gebrauchten Wachs? Dazu gehört als zweite Frage, was mit dem „Entdeckelungswachs" geschieht, das Wachs, was anfällt, wenn man die vollen Honigwaben öffnet, bevor man sie in eine Schleuder gibt, siehe unten.

Imker haben auch hier wieder unterschiedliche Möglichkeiten: Man kann die dunklen Waben (samt der Verdrahtung) mit einem groben Messer entlang den Innen-Kanten des Rahmens ausschneiden und – wie auch immer, z. B. in einem alten Kochtopf – ausschmelzen.

Andere verfügen über einen „Sonnen-Wachs-Schmelzer", in den sie bei geeignetem Wetter etwa vier Rahmen legen können. Die Sonne lässt das Wachs schmelzen, und man kann die Rahmen – samt möglicherweise unbeschädigter Verdrahtung – entnehmen, grob und fein säubern und wieder mit einer Mittelwand bestücken.

Das Wachs wird dabei in einer Blechform aufgefangen, die an die Backform eines Kastenkuchens erinnert. Damit man das Wachs einfach aus der Blechform entnehmen kann, ist es sinnvoll, diese Form vorher mit etwas Wasser zu füllen – das Wachs schwimmt auf dem Wasser und ist leicht zu entfernen.

Sonnen-Wachs-Schmelzer kann man kaufen, aber auch selber bauen, wie es einigen Kollegen erfolgreich gelungen ist: einen Holzrahmen von knapp 10 cm Höhe, unten ein Edelstahl-Blech als Boden, darüber eine Glasplatte, das Alles etwas geneigt, und unter den unteren Rand des Blechs eine Wachs-Auffang-Form, in der sich das flüssige Wachs sammelt. Mancher baut das auf einem eigenen Ständer, andere so, dass es auf einem Tisch liegen kann, die Außenmaße groß genug, dass ein oder besser zwei Rahmen nebeneinander liegen können, bei 8 cm Höhe kann man zwei Rahmen übereinander legen.

Unsere Sonne schmilzt solche vier Rahmen bequem an einem halben Tag aus.

Von den alten Waben bleiben Reste der Häutchen u. ä. des Brut-Geschehens, braune papier-ähnliche Abfälle, die man verbrennen kann oder auch auf dem Komposthaufen verwittern lässt.

An den Rahmen, die man warm dem Schmelzer entnimmt, sind Propolis-Reste u. ä.

Das alles kann man warm mit dem Stockmeißel leicht abkratzen. Kalt wird das fest und kann richtig Mühe verursachen.

Dieses Abkratzen der weichen Propolis von den Seitenteilen der Rahmen sollte man bei jedem Öffnen der Beute, im Honigraum und auch im Brutraum, keinesfalls unterlassen. In der Zarge haben die 11 Rahmen ein gewisses Spiel, also einen Bewegungsfreiraum. Ist die Propolis mit der Zeit verhärtet, werden die Rahmen entsprechend dicker und man bekommt weder den elften Rahmen zu den anderen 10 in die Zarge noch gelingt das Wabenziehen der ersten Wabe bei einer späteren Öffnung der Beute.

Propolis ist der Stoff, mit dem die Bienen ihre Beute samt allen beweglichen Teilen festverkitten. Imker sammeln Propolis, lösen es in Alkohol und verwenden dies zur Behandlung von Kratzern oder kleinen Wunden u. ä.

Andere trinken diese Lösung und versprechen sich davon positive Wirkung. Das mag jeder halten, wie es ihm gefällt. Allerdings gilt, dass kein Imker medizinische Heilwirkung versprechen darf. Das ist bei uns durch die gesetzlichen Bestimmungen des Gesundheitswesens geregelt.

Deshalb verkaufe ich auch keine Propolis-Produkte.

Das Wachs, das man so erhält, kann man im Handel gegen neue Mittelwände eintauschen oder sonst nach Wohlgefallen verwenden.

Für eigene Versuche mit dem Wachs ist dies gründlich zu sieben. Empfohlen wird, wenn man besonders feines Wachs erhalten möchte – etwa für Kerzen -, als Sieb eine Damen-Strumpfhose zu verwenden.

Wenn man die benutzten Rahmen wiederverwenden kann – das wird nicht in jedem Fall sinnvoll sein -, dann muss man sie neu verdrahten – so denn die alte Verdrahtung nicht den Sonnen-Wachs-Schmelzer unbeschädigt überstanden hat.

Verdrahtet bekommen die Rahmen eine neue Mittelwand und werden auf Lager genommen, bis man sie spätestens im nächsten Frühjahr wieder braucht.

Das Schleudern

Wofür nun all dieses Bemühen?
Jetzt geht es an den Honig:
Der soll aus den Honigwaben befreit werden, am besten
geschleudert - wer nicht schleudern will, kann auch den
Honig aus den Waben herauspressen oder die Waben direkt
lutschen – das alles erscheint nicht besonders effektiv.

Wer schleudern will, kann dies nur tun, wenn er dazu die
Voraussetzungen schafft:
Wir haben noch nicht von einem **Stockmeißel** gesprochen,
den man unbedingt braucht, wenn man an einer Beute, in der
sich länger Bienen aufhalten, einen Deckel oder eine Zarge
bewegen will. Bienen verkitten alles, was an ihrer Behausung
beweglich erscheint, ebenso alle Ritzen, durch die Luft, Wind
oder andere Insekten eindringen könnte. Die Boden-Lüftung
und das Flugloch bleiben davon ausgenommen.
Der Stockmeißel ist ein stärkeres Stück Eisenblech, an den
Enden sinnvoll zurechtgebogen, so dass man damit die
Zargen auseinanderhebeln kann, ebenso die Rahmen
untereinander.
Um einen Rahmen greifen zu können, benötigt man eine
Wabenzieher-Zange, die für den Magazinbetrieb, also der
Entnahme von oben, anders gestaltet ist als die entsprechende
Zange für die Hinterbehandlung, die die Wabe zur Seite oder
nach hinten entnimmt.
Wer eine Honigwabe zum Schleudern zieht, braucht ein
Gefäß, eine Art Kiste, in die hinein man die Wabe verstauen
kann. Man fegt die Bienen ab mit einer **Bürste** oder
traditionell mit einer **Gänsefeder** und muss dann die
abgefegte Wabe so lagern, dass sich da nicht erneut Bienen
einfinden.

Solche Kisten habe ich mir selber aus Sperrholz gebaut, da mir die dazu empfohlenen offenen Wabenböcke zu wenig Schutz vor weiteren Bienen zu geben versprachen.

Man bekommt aber auch Plastik-Dosen im Handel, in denen man Honigwaben „bienendicht" verstauen kann, bevor man mit dem eigentlichen Schleudern beginnt.

Zum Schleudern braucht man eine **Schleuder.** Es gibt solche mit Handbetrieb, dazu auch Elektro-Motoren. Die Arbeit mit einer solchen einfachen Schleuder ist ziemlich umständlich. Meine Schleuder hat Platz für vier Waben – man sollte auch immer eine gerade Zahl von Waben schleudern, damit die Schleuder rundläuft und nicht zu schlagen beginnt, wenn man schneller dreht.

Wenn man die Schleuder mit den entdeckelten Honigwaben bestückt hat, soll man zuerst langsam und mit Gefühl andrehen, um den losen Honig abzuschleudern. Dann soll man die Waben umdrehen und genauso vorsichtig die Rückseiten behandeln. Darauf wird gewechselt und die erste Seite mit hoher Drehzahl leer geschleudert, nach dem letzten Wechsel entsprechend die 2. Seite.

Nachdem ich länger mit der Hand geschleudert habe, habe ich mir zum Antrieb eine ältere Akku-Bohrmaschine angebaut, diese mit einer elektronischen Regelung so eingerichtet, dass ich langsam andrehen und später dann mit voller Kraft schleudern kann. Aber das häufige Umdrehen der Waben kann ich nicht vermeiden.

Dazu gibt es inzwischen günstig **Radialschleudern,** die in einem Arbeitsgang beide Seiten der Wabe entleeren. Wenn man Geld ausgibt, dürfte sich solche Schleuder eher lohnen. Ich habe aber damit keinerlei Erfahrung.

Auch hier hat ein Imker ein weites Feld für seine Entscheidungen.

Unabhängig von der Art der Schleuder selber benötigt man ein **Entdeckelungsgeschirr.** Die verdeckelten Honigwaben müssen mit einer **Entdeckelungsgabel** behandelt werden. Jedes einzelne Honiggefäß auf der Wabe muss von seinem Wachs-Deckel befreit werden. Sonst bleibt der Honig in der Wabe, so sehr man auch schleudert. Die Honigwabe stellt man zum Entdeckeln in dieses Geschirr, das den Honig aufnimmt, der beim Entdeckeln herausfließt.

Die entdeckelten Waben landen in der Schleuder. Die Schleuder hat einen Ablaufhahn. Darunter stellt man einen Honigeimer. Weil aber beim Entdeckeln auch immer Wachsreste in der Schleuder landen, muss der Honig, der die Schleuder verlässt, gesiebt werden.

Dazu verwendet man Honig-**Doppelsiebe,** ein gröberes und ein feineres. Auch die sollte man kaufen.

Wir haben noch gar nicht über die Schutzkleidung eines Imkers gesprochen. Zumindest **Hut** und **Schleier** wird jeder Imker gelegentlich verwenden wollen.

Ich halte auch **Handschuhe** für sinnvoll, Kollegen klagen, dass sie mit den Handschuhen nicht richtig arbeiten können. Ich kann das nicht bestätigen.

Manche Kollegen meinen, dass Bienenstiche harmlose Begleiterscheinungen sind, aus denen sich ein tapferer Imker nichts weiter machen sollte.

Ich sehe das anders. In den Fernseh-Filmen, in denen die Bienen-Arbeit der Universitäten gezeigt werden, sind die professionellen Mitarbeiter wie Mars-Menschen gekleidet. Das fiel mir schon ganz am Anfang auf.

Dann las ich in Büchern, dass Bienen beim Stechen ein Signal an andere Bienen geben, dass diese anstachelt, den „Feind", als den die Bienen in der Situation ihren Imker einschätzen, weiter energisch zu bekämpfen. Ich habe auch bei meinen Bienen, die normalerweise sehr friedlich und wenig stechlustig sind, bemerken müssen, dass, wenn es einmal zu Stechereien kam, dass das dann zu aggressiveren Verhalten führte.

Außerdem verstirbt die Biene, nachdem sie einen Menschen gestochen hat – der Stachel mit der Giftblase bleibt in der Haut des Menschen stecken. Ein Imkern, das Stechen vermeidet, ist also deutlich bienenfreundlicher.

Ein Mitglied meiner Familie ist bei meinem Imkern gestochen worden und erlebte eine allergische Reaktion. Ein Arzt musste helfen, und danach verschwand die Person bei offenen Bienenbeuten regelmäßig im geschlossenem Hause – man vermied jedes weitere Risiko.

Ich selber arbeite deshalb im Vollschutz, in weißer Kleidung, mit einem Oberteil, an dem Hut und Schleier fest angearbeitet sind, mit Stiefeln, in denen die Hosen stecken. Ich werde nur gestochen, wenn eine Biene dies durch den Stoff der Hose versucht. Das geschieht ein oder zweimal im Jahr. Zöge ich lange Unterhosen drunter, würde ich auch das ersparen. Aber das wäre mir im Sommer zu warm.

Bisher habe ich keinerlei allergische Reaktion festgestellt, aber es gibt Ärzte, die derartige Entwicklungen jederzeit für gut möglich halten, auch bei Menschen, die über lange Jahre davon verschont geblieben waren.

Als weiteres ist noch der **Smoker** zu nennen. Damit macht der Imker Rauch, der die Bienen beruhigt. Ich verbrenne darin Kienäpfel, alte Holzstücke, Borke und Tannen- oder Kiefernnadeln. Ich entzünde den Smoker mit einem Warmluft-Gerät: Ein oder zwei Minuten Luft mit einigen hundert Grad löst ein gutes Feuer aus. Das muss man gelegentlich wiederholen, bis solch ein Smoker richtig in Fahrt kommt.

Dann brennt er aber für etwa eine Stunde, in der man sinnvoll mit ihm arbeiten kann.

Nützlich ist dabei ein Helfer, ein zweiter Mann (oder Frau), der/die den Smoker bedient und den anderen ungestört arbeiten lässt.

Das führt auch in der Regel wirklich dazu, dass die Bienen sogar dann friedlich bleiben, wenn man ihnen ernsthaft zu Leibe rückt und ihnen eine größere Menge Honig nimmt, z.B. den vollen Honigraum raubt und dabei die Waben einzeln gründlich abfegt, d. h. von den ansitzenden und immer wieder erneut zufliegenden Bienen befreit.

Wie gehe ich an das Schleudern nun im Einzelnen konkret heran?

Ich habe beim regelmäßigen Wiegen festgestellt, dass ein oder auch mehrere Völker von ihrem Gewicht her eine Honigernte nahelegen.

In die Nähe der Beuten bringe ich ein oder zwei leere Kästen, die die Honigwaben „bienendicht" aufnehmen sollen, wenn möglich stelle ich sie gleich auf eine Karre – wenn ich hinterher darin 10 Honigwaben haben sollte, wiegt das mehr als 20 Kilo. Da bin ich froh, wenn ich das nicht erneut anzuheben brauche.

Ich überzeuge mich, dass ich eine angemessene Zahl leerer Waben – vielleicht vom letzten Schleudern! – oder sonst Rahmen mit Mittelwänden zur Verfügung habe und hänge diese – bei warmem trocknem Wetter - ein in eine leere Zarge, die ich auf eine weitere Garten-Karre bereit stelle oder auch auf Böcke u. ä..

Ich ziehe mich entsprechend um, vom Hut mit Schleier bis zu den Stiefeln, zünde den Smoker an und nehme den Stockmeißel, die Waben-Zange und die Feder mit all den anderen genannten Utensilien zu den Beuten.

Wer Stiefel nicht mag, soll sich wenigstens die Hosenbeine zubinden – im Bienengetümmel verfliegen sich immer einige in die Hosenbeine und stechen dort, was dann doch jeder lieber vermeiden will.

Zuerst gibt man Rauch aus dem Smoker in das Flugloch. Die Bienen assoziieren Brand oder Feuer, d. h. sie saugen sich mit Honig voll, um wenigstens einiges vor dem Verderben zu retten. Sie sind nicht auf ein Stechen aus.

Als nächstes öffnet man den Deckel des Honigraums, bläst auch hier Rauch hinein und stellt den Deckel beiseite. Auch daran werden viele Bienen hängen. So behandelt man auch ihn vorsichtig.

Vielleicht kann man nun verdeckelte Honigwaben erkennen. Bei größerem Gewicht der Beute sind zumindest einige Waben richtig verdeckelt, selten werden alle elf Waben vollkommen verdeckelt sein, aber das braucht man auch nicht abzuwarten.

Die erste Wabe, die man entnehmen will, mag Schwierigkeiten machen. Man greift sie mit der Waben-Zange. Vielleicht ist sie so fest verkittet, dass man den Eindruck gewinnt, sie zerbricht eher, als dass sie sich als Ganze herausziehen lässt.

In dem Fall nehme ich den Stockmeißel und schiebe ihn mit aller Gewalt in die vier Spalten der Seitenleisten der Wabe, die ich entnehmen will, zu ihren Nachbarwaben. Dabei wird diese Wabe zumindest zu den beiden Seiten hin frei und lässt sich meist problemlos entnehmen.

Wenn es dennoch weiter hakt, liegt das daran, dass die Bienen die untere Leiste der Wabe mit dem Trenngitter verkittet haben. Soweit die Wabe seitlichen Spielraum hat, kann man etwas wackeln mit ihr, wird aber die notwendige Gewalt beim Herausziehen nicht ganz vermeiden können. Da muss dann die Verdrahtung den Zusammenhalt garantieren.

Wenn man die Wabe herausgezogen hat, betrachtet man sie von beiden Seiten:

Ist sie voll verdeckelt? Oder wenigstens zu mehr als zwei Dritteln? Dann kommt sie zum Schleudern infrage.

Nun fegt man sie ab. Dazu hält man die Wabe nicht allzu hoch vor das Flugloch – an der Honigwabe sind junge Bienen mit dem Wabenbau und der Honigpflege beschäftigt, die noch keine richtigen Flugbienen sind. Wenn man die deutlich entfernt von der Beute abfegt, werden sie Schwierigkeiten haben, in die Beute zurückzufinden.

Imker werden immer wieder erleben, dass sich nach solchen Operationen irgendwo außen an der Beute oder an entsprechenden Orten kleinere Bienen-Klumpen bilden, die sich erst gegen Abend – bei abnehmender Temperatur – wieder auflösen in Richtung der Beute.

Beim Abfegen erlebt man, dass man die eine Seite einigermaßen bienenfrei gefegt hat und dass man dann sich der anderen Seite zuwendet, damit fertig wird und dann sieht, wie sich an der ersten Seite wieder Flugbienen zu schaffen machen.

Ich fege die weiteren Runden in größerer Entfernung von der Beute ab – irgendwann sind diese Flugbienen alle voll Honig und bringen den zurück in die Beute und ich kann die Wabe – fast hundertprozentig bienenfrei – in den dafür vorgesehenen Kasten verstauen.

Nun geht es an die zweite Honigwabe. Auch dabei ist der Smoker wieder sinnvoll. Da in der Zarge etwa Platz geworden ist, kann ich die Waben dort mit dem Stockmeißel einigermaßen freibewegen. Da entscheide ich nun, wieviel Waben dort zur Schleuderung entnommen werden – im Interesse eines ruhigen „Rundlaufs" der Schleuder immer eine gerade Zahl.

Ich sehe kurz alle restlichen zehn Waben durch und entscheide mich zu vier, sechs, oder acht Waben, d. h. 3, 5 oder 7 weiteren. Sie alle werden einzeln abgefegt, wie beschrieben, und bienendicht verstaut.

Dann entnehme ich eine entsprechende Zahl von den bereitgestellten Leer-Waben bzw. Mittelwänden und fülle wieder zur Gesamtzahl von elf Waben auf. Dann schließe ich mit dem Deckel die Beute.

Wer schleudert, ohne entsprechend aufzufüllen, wird beim nächsten Blick in diesen Honigraum dort schönen Wildbau vorfinden.

Der sieht meist sehr ansprechend aus, mancher hat am Wildbau wirklich seine Freude. Aber die Waben werden eine ganze Menge Honig enthalten, meist unverdeckelt, den man weder schleudern noch anderweitig nutzen kann – also nur schade um das alles!

Mancher Leser wird hier vielleicht einwenden, dass er gerne Honig samt Waben aus solchem „Jungfernbau" kaufen möchte – mancher kaut derartiges wie andere Menschen ihren Kaugummi.

Das soll alles sein. Wer an mich mit solchen Wünschen herantritt, mit dem wird man eine entsprechende Vereinbarung eingehen können.

Aber da nimmt man keinen Wildbau, sondern setzt entsprechende Leerrahmen – ohne Verdrahtung – in den Honigraum, lässt das ausbauen bis zur Verdeckelung des Honigs, schneidet den ganzen Bau aus dem Rahmen aus und verpackt das in ein entsprechendes Plastikgefäß. Das kann der Kunde dann abholen und angemessen bezahlen – der Aufwand zeigt, dass solcher Service seinen Preis hat.

Zurück zum Schleudern der Honigwaben:
Die Karre mit den gefüllten Kästen bringt man in die Nähe des Raums, in dem die Schleuder steht. Auch dieser Raum muss „bienendichte" Fenster und Türen haben.
Da man beim Umgang mit gefüllten Honigwaben klebrige Finger nicht vermeiden kann, sollte in der Nähe der Schleuder Wasser sein, also die Möglichkeit, sich die Finger abzuspülen. Manche Imker nutzen dafür ihr Bienenhaus. Hier füllen sie auch die Gläser ab und lagern die Ergebnisse Ihres Bemühens bis zum Verkauf des Honigs.

Steht die Karre an ihrem Platz vor dem Raum mit der Schleuder, ziehe ich mich als erstes wieder um – die weitere Arbeit benötigt keinen Vollschutz mehr.
Ich gehöre zu den Imkern, die frisch entnommene Honigwaben am selben Tag schleudern. In der Beute herrschen Bruttemperaturen von etwa 37 Grad C. Da ist der Honig gut zu schleudern. Kühlt er über Nacht ab oder ist es älterer Honig, der schon in den Waben ziemlich fest geworden ist, schleudert er sich deutlich schlechter. Mancher Honig lässt sich gar nicht mehr schleudern – Waben mit solchen Honigresten stellt der Imker bei Gelegenheit wieder in die Beute zu den Bienen – sollen die sehen, ob und wie sie damit klarkommen.

Ich öffne die bienendichte Kiste und entnehme mit der Wabenzange die erste Wabe, prüfe, ob sie wirklich bienenfrei ist und nehme sie dann in den Schleuder-Raum auf das Entdeckelungsgeschirr.

Die Schleuder ist aufnahmebereit, unter dem Hahn steht ein Honigeimer, darüber befindet sich das Doppelsieb. Neben dem Entdeckelungsgeschirr steht eine Schüssel für das Entdeckelungswachs, darin die Entdeckelungsgabel und ein weiches Messer, mit dem ich das Wachs von der Gabel abstreichen kann, genauso wie Honigreste vom Entdeckelungsgeschirr in das Doppelsieb auf dem Eimer. Wenn alle Vorbereitungen abgeschlossen sind, beginnt das Entdeckeln, die Vorderseite, dann die Rückseite. Nun stelle ich die Wabe hochkant in die Schleuder.

Beim Entdeckeln sollte man nicht zu langsam arbeiten; wenn der Honig sehr flüssig und warm ist, läuft viel in das Geschirr. Das wird man am Ende ebenfalls in das Doppelsieb gießen, aber einfacher ist es doch, wenn der Honig über die Schleuder in das Sieb gelangt.

Manche Imker entdeckeln mit einem Heißluft-Gerät, also ohne Entdeckelungsgabel. Das geht deutlich schneller.

Es heißt, dass dieses Entdeckeln mit Warmluft bei Jungfernwachs unproblematisch sein soll. In jedem Fall wird die Oberfläche des Honigs erwärmt, der Zucker kann zu karamellisieren beginnen und lässt sich dann nur schwer schleudern – ich arbeite deshalb lieber umständlich mit der Entdeckelungsgabel – aber ich habe wahrscheinlich auch nur weniger Honig zu entdeckeln als andere „erfolgreichere" Imker mit deren größerer Zahl von zu bearbeitenden Honigwaben, die dann später mit Zuckerwasser nachfüttern müssen.

Auch das kann jeder halten, wie er es für richtig hält.

Je nach der Zahl der Honigwaben reicht ein Eimer oder man braucht weitere.

Den Füllstand sollte man im Auge behalten. Läuft ein Eimer über, ist es nicht nur schade um den Honig. Die Kleberei mit dem verschütteten Rest ist eklig, zieht Ameisen u. ä. an, macht die ganze Honigverarbeitung unhygienisch – also ist derartiges absolut zu vermeiden.

Meist braucht es Stunden, bis die Schleuder und die beiden Siebe wirklich leer getropft sind – die Schleuder schließe ich irgendwann mit ihrem Hahn und stelle den Honigeimer mit den beiden Sieben darauf auf einen Tisch in der Küche, möglichst warm, damit auch die festeren Honigteile die Siebe verlassen.

Dazu gebe ich den Inhalt der Schüssel mit dem Entdeckelungswachs. Diese Schüssel enthält regelmäßig viel Honig, der am Entdeckelungswachs klebte. Die Siebe entleere ich, wenn der Honig abgetropft ist, in den Sonnen-Wachs-Schmelzer.

Dann bekommt der Eimer einen gut schließenden Deckel – in meinen ersten Jahren habe ich im Handel einige Eimer Winterfutter für die Bienen gekauft., also fertiges Zuckerwasser, etwas angedickt. Davon nutze ich noch die Eimer.

Frühjahrshonig sollte man nicht zu lange in den Eimern lassen.

Er kann dort von einem Tag auf den anderen erstaunlich fest werden. Ist er zu fest, kann man ihn nicht mehr richtig in Gläser füllen.

Man schaut also regelmäßig nach dem geschleuderten Honig. Dabei soll man Schaumansätze abschöpfen – den abgeschöpften Honig isst der Imker selber. Wenn der Honig anzuziehen beginnt, also sich deutlich verfestigt, soll man ihn rühren.

Dafür gibt es besondere Handrührer, eine lange Stange mit einem T-förmigen Griff, an der man unten ein Lochblech anschraubt. Dieses Lochblech soll man täglich fünf Minuten lang im Eimer herauf und herunter bewegen. Damit beeinflusst man die Kristallisation des Zuckers im Honig, so dass der Honig geschmeidig bleibt und die Beton-Konsistenz vermieden wird.

Da diese Arbeit durchaus anstrengt und bei größeren Honigmengen vielen Imkern unzumutbar erscheint, bekommen Sie, vor allem, wenn sie Frühjahrshonig kaufen, immer wieder diese gefürchteten Beton-Probleme.

Manche Imker, denen das regelmäßige Rühren auch zu viel wird, „impfen" ihre Honige:

Sie geben dem Honig, der sehr fest zu werden droht, eine kleine Menge flüssigen (Robinien-)Honig hinzu, verrühren rechtzeitig beides gut und erhalten dann ebenfalls cremige Honige.

Das Alles ist jedenfalls sehr viel naturnäher und dem Honiggeschmack und seinen Qualitäten gemäßer als ein Erhitzen, nur damit der Honig gleichmäßig flüssig bleibt und so innere Werte verliert, wie es wohl industriell zu geschehen pflegt.

Im Handel für Imker kann man auch Gläser für den Honig kaufen.

Die werden aber im Versandhandel oft nicht geliefert, ich fahre dazu in ein Imkerei-Fachgeschäft, wo ich auch mein altes Wachs gegen Mittelwände eintauschen kann.

Solche Betriebe haben oft allein am Wochenende auf – sie lohnen sich meist nur im Nebenerwerb der Betreiber. Deshalb ist es in jedem Fall sinnvoll, vor einer längeren Fahrt dorthin anzurufen und abzusprechen, was man im Fall des Falles geregelt haben möchte und wann das sinnvoll geschehen kann.

Da bekommt man für die Gläser auch die passenden Deckel, mögliche Etiketten und was einem noch sinnvoll erscheinen mag.

Anfangs habe ich mit kleineren Gläsern experimentiert. Inzwischen fülle ich das Allermeiste nur in 500-Gramm-Gläser ab, allenfalls kleinere Reste in 250-Gramm-Gläser.

Kunden bringen auch oft leere Gläser zurück. Ich honoriere dies, indem ich für drei leere Honiggläser 1 Euro Rabatt auf den Ankauf von Honig berechne.

Etiketten habe ich zumeist mit dem PC und meinem Drucker selber erstellt.

Probleme gibt es gelegentlich mit dem Kleber. Nimmt man nur Tapetenkleber, hält der schlecht auf den Gläsern. Nimmt man Dinge wie Pattex, bekommt das Papier hinterher nicht mal mehr der Geschirrspüler herunter.

Bewährt hat sich bei mir eine Mischung aus Tapetenkleber und Wandfarbe. Da muss man nur beim Auftragen aufpassen, diese Mischung bleibt nicht farblos. Man sieht hinterher, wo man zu viel verwendet hat.

Mancher lässt seine Etiketten – etwa im Copy-Center - auf Selbst-Klebe-Folie drucken. Die sind dann leicht aufzubringen, gehen aber oft auch nur schwer wieder ab vom Glas.

Nun noch ein paar Worte zum Inhalt der Etiketten:

Manche Imker verkaufen gemäß ihren Etiketten „Bienen-Honig", andere „Imker-Honig" (!).

Was spricht Sie da mehr an?

Ich schreibe nur „Honig" und gebe gelegentlich hinzu: „Frühling", „Obstblüte", „Sommer-Mischung" oder „mit viel Robinie".

Wenn ein Imker eine reine Sorte anbietet wie z.B. „Robinien-Honig", muss er gemäß der Vorschrift einen Test von dieser Schleuderung gemacht haben lassen, der an Hand der Pollen-Analyse beweist, dass der Honig zu wenigstens 80 % Robinie enthält. Solch ein Test kostet knapp 50 Euro, eine Schleuderung von etwa 20 Kg – mehr wird ein Hobby-Imker kaum mit einmal schleudern können, ergäbe 40 Gläser, von denen jedes dann um mehr als einen Euro teurer verkauft werden müsste – nur damit man „Robinien-Honig" auf das Etikett schreiben dürfte.
So schreibe ich „Honig mit viel Robinie" ohne Test und der verkauft sich „wie geschnitten Brot".

Jedes Etikett sollte den Namen und die Anschrift des Imkers tragen. Das dient der Kunden-Bindung.
Wenn Sie auf Ihrem Etikett regelmäßig Ihren Namen und die Anschrift vermerken, kann Ihnen auch niemand kommen und die Lieferung eines verdorbenen Honigs u. ä. vorwerfen. Sie können in dem Fall auf dem Vorzeigen ihres Glases bestehen, und dann wird das Missverständnis aufgeklärt.
Jede Schleuderung sollten Sie auch mit einer besonderen Nummer versehen, die sich auch auf dem Etikett findet.
Ich hatte immer wieder Kunden, die ein Glas einer ganz bestimmten Sorte gekauft hatten, das ihnen gut gefiel und von der sie weitere Gläser kaufen wollten.
Mit solchen Nummern ist das dann kein Problem.
Es gibt auch eine entsprechende Vorschrift für den Verkauf solcher Gläser, die Nummern vorsieht.

Mancher fragt vielleicht: Wie ist das mit der Steuer? Muss ich Mehrwertsteuer berechnen und abführen?
Für die Hobby-Imkerei gelten die Produkte als „Urproduktion", für die keine Mehrwertsteuer anfällt, für den Imker ist also dabei Brutto gleich Netto.

Auch wenn Sie, der Sie das Alles gelesen haben, nach all diesen Umständen fest entschlossen sein sollten, sich nie selber mit der Imkerei zu befassen – Sie werden nach der Lektüre die Honiggläser des Imkers Ihres Vertrauens mit ganz neuen Augen betrachten.
Da bin ich sicher.

Ableger-Bildung

Wenn Sie bei dem allen nur die Honig-Produktion interessiert, wird dieses Kapitel von Ihnen vielleicht schnell überschlagen. Aber für Menschen, die sich für ein Leben mit und neben den Honig-Bienen wirklich interessieren, soll doch auch deren Biologie und Überlebenstechnik nicht verschwiegen werden.

Die Bildung von Ablegern hat eine praktisch-technische Seite, die schnell erklärt werden kann.
Damit der Leser eine ungefähre Vorstellung von dem hat, was da geschieht, soll einiges über die Bienen und ihre Biologie vorangestellt sein.

Im Bienenvolk gibt es drei unterschiedliche Lebewesen, zwei weibliche, die Weisel oder Königin und die Arbeitsbiene; daneben als männliches Lebewesen der Drohn.
Im Volk lebt in der Regel eine Königin, tausende Arbeitsbienen und hunderte Drohnen.
Die Königin ist länger und dicker als die Arbeitsbienen und die Drohnen,
die Arbeitsbiene deutlich kleiner als der Drohn.

Die unbefruchteten Eier der Königin führen zu Drohnen, die befruchteten normalerweise zu Arbeitsbienen.
Die Weisel legt während des eigentlichen Bienenjahrs, also zwischen März und Juli, befruchtete und unbefruchtete Eier.

Gelegentlich kommen die Bienen von sich aus zu der Überzeugung, sie sollten ihre Königin erneuern.
Die Imker reden in dem Fall vom „Umweiseln", ein Vorgang, mit dem sich ein Volk eine neue, eben jüngere Weisel verschafft.

Vielleicht gerät das Volk auch gerade in Schwarmstimmung. Es will sich teilen, dass ein Teil mit der alten Königin „schwärmt", d.h. davonfliegt und sich eine neue Heimstatt sucht - wo auch immer -, und der Rest mit einer neuen anderen Königin am alten Platz weiterlebt.
In solchen Fällen setzen die Bienen „Weiselzellen" an und bestücken diese mit befruchteten Eiern, aus denen Arbeitsbienen hätten werden sollen.

Wer ist im Einzelnen verantwortlich dafür, dass in einem Volk plötzlich Weiselzellen angesetzt werden? Eine Antwort auf diese Frage habe ich noch nirgends gefunden – das Leben der Bienen enthält immer noch viele Geheimnisse, auch wenn Menschen seit Jahrtausenden mit ihnen imkern und meinen, alles „wissenschaftlich" ergründen zu können.

Diese Weiselzellen sind größer als die normalen Wabenzellen, befinden sich auch nicht in deren allgemeiner Struktur, wo diese Zellen annähernd waagerecht liegen. Weiselzellen hängen senkrecht, die Öffnung nach unten, meist am unteren Rand der Brutwaben. Sie sind deutlich zu erkennen, etwa 30 Millimeter lang, 12 – 15 Millimeter dick – man kann sie kaum übersehen.
Bienen befördern aus der unverdeckelten Brut ein Ei in diese Weiselzelle.
Diese Weiselbrut wird mit einem besonderen Futter ernährt, das dafür sorgt, dass aus dem Ei eine Weisel wird und nicht eine Arbeitsbiene. Dieses Futter nennt man „Gelee Royal".
Dieses „Gelee Royal" wird gelegentlich zum Kauf angeboten – natürlich zu einem extremen Preis.
Ist das Betrug? Oder wie soll man sich die Produktion dieser speziellen Nahrung vorstellen, die nur für Weisel-Zellen und deren Eier hergestellt und dorthin verbracht wird?

Man kann ganze Reihen von Weisel-Zellen künstlich ansetzen lassen – etwa um eine größere Zahl von Weiseln künstlich zu ziehen und sie speziell von ausgesuchten Drohnen befruchten zu lassen. Damit soll die Qualität der Bienenvölker gefördert werden.

Dies ist Arbeit besonders versierter Bienenzüchter, die sich auf ihre Art für die Imkerei verdient machen.

Es ist also denkbar, dass solche Methoden missbraucht werden: Man kann wohl auch solche entsprechend angesetzten Weisel-Zellen nach der Verdeckelung nutzen, die aus dem Ei entwickelte Raupe, aus der sich in der verdeckelten Weiselzelle eine Weisel mit Hilfe des speziellen Gelee Royal weiterentwickeln würde, vernichten, den Nahrungsrest herausnehmen und entsprechend zum Kauf anbieten.

Guten Appetit!

So oder so ähnlich wird man Gelee Royal „gewinnen" können – in meinen Augen Tierquälerei und Missbrauch der Natur. Die von den Bienen ohne äußere Anregung angesetzten Weisel-Zellen sind natürlicher Ausdruck des Wunsches des Volks nach Verjüngung beziehungsweise nach Vermehrung. Gerät ein Volk in solche Schwarmstimmung, setzen die Bienen auch von sich aus meist mehrere Weiselzellen zugleich an.

Bevor eine Weisel nach nur 14 Tagen schlüpft, gibt sie ein akustisches Signal. Daraufhin löst die alte Weisel den Schwarm aus und verschwindet mit einem größeren Teil des Volkes.

Die geschlüpfte Weisel versucht als erstes, alle anderen Weiselzellen totzustechen, bevor weitere Weiseln schlüpfen. Bald danach geht sie auf den Hochzeitsflug, an bestimmten Drohnen-Plätzen wird sie von mehreren Drohnen befruchtet, die dabei zu Tode kommen.

Sodann nimmt sie ihre Arbeit als Brutmaschine auf, in der Saison legt sie über tausend Eier am Tage – ein Bienenvolk überwintert mit 5 000 bis 10 000 Arbeitsbienen und verfügt im eigentlichen Bienensommer über 50 000 bis 100 000 Mitglieder.

Da eine Weisel bei ihrem Vernichtungsfeldzug gegen ihre Konkurrentinnen gelegentlich die eine oder andere Weiselzelle übersieht, gibt es gelegentlich dennoch weitere Weiseln und entsprechend Nachschwärme.
Imker werden Nachschwärme zu verhindern suchen, weil dadurch die Völker sehr geschwächt werden. Mit vielen kleinen Völkern kann man nicht viel anfangen, und die Gefahr von Krankheiten und Infektionen nimmt zu.

Arbeitsbienen schlüpfen nach 21 Tagen, Drohnen brauchen noch drei Tage länger.
Arbeitsbienen werden im Sommer etwa 42 Tage alt, die von ihnen, die im Spätsommer oder im frühen Herbst schlüpfen, leben den ganzen Winter über und müssen sich schließlich im Februar/März um die nächste Brut kümmern.

Die Arbeitsbienen durchleben verschiedene Phasen. Zuerst sind sie Ammenbienen, verantwortlich für die Brut.
Sie vervollständigen den Wabenbau, nehmen den älteren Flugbienen den Nektar ab, der so von Biene zu Biene zu Honig weiterverarbeitet wird. Damit wird die Brut genährt, überschüssiges Futter wird in freien Zellen eingelagert, volle Zellen werden mit Wachs verdeckelt.
Die Flugbienen tragen neben dem Nektar auch Pollen ein, an ihren Hinterbeinen bilden sich kleine Pollen-Pfropfen, „Pollenhöschen" genannt.

Kommen Flugbienen von ihrem Trachtflug in den Stock zurück, kann man am Flugloch diese Pollenhöschen mit bloßem Auge gut erkennen. Wenn der Imker im zeitigen Frühjahr unsicher ist, ob die Weisel noch lebt und ob mit dem Volk alles in Ordnung ist, sieht er an diesen Pollenhöschen, dass es Brut bei dem Volk gibt. Also lebt die Weisel, und der Imker braucht sich keine Sorgen zu machen.

Pollen, die nicht gleich verfüttert werden, gelangen in freie Pollenzellen – Futter für Zeiten, zu denen es keine frischen Pollen gibt.

In ihrer zweiten Lebenshälfte sind Bienen Flugbienen. Bei Sonnenschein um die Mittagszeit kann man erkennen, wie sich die jungen Flugbienen einzufliegen beginnen. Sie tänzeln vor dem Flugloch, im Abstand von 30 bis 50 Zentimetern, in unterschiedlicher Höhe, mit dem Kopf zum Flugloch. Offensichtlich prägen sie sich das Bild ihrer Beute und ihres Fluglochs samt der entsprechenden Umgebung so ein, dass sie immer wieder gut zurückfinden werden.

In diese Phase des Bienenlebens gehört auch der Bienen-Tanz, mit dem Erkundungsbienen, die immer unterwegs sind nach neuer Tracht, ihren Kolleginnen vermitteln, wie und wo sie das gefundene nutzen können.

Flugbienen sind auch die Wächterbienen, die ihr Flugloch samt näherer Umgebung im Auge behalten und die sich ohne jede Verzögerung auf jeden Verdächtigen kamikase-artig stürzen und ihn stechen, auch wenn das für sie selber den Tod bringt – ihr Bienenvolk wird so geschützt.

Ihr „Erbfeind" ist der Bär, haarig, dunkel, und so stechen sie auch Menschen, wenn sie sich in deren Haaren verfangen oder wenn diese dunkel gekleidet daherkommen.

So hat der Imker meist einen Hut auf und ist in der Regel weiß oder hell gekleidet.

Drohnen haben im Alltagsbetrieb keine Funktion.

Einige von ihnen dienen der Befruchtung.

Wer bis in den Herbst überlebt, wird irgendwann vertrieben – die Ammenbienen haben auch sonst keine Brut mehr zu ernähren, und so bleiben auch die Drohnen ohne Nahrung.

Drohnenzellen sind größer als die für die Arbeitsbienen, die auf den Mittelwänden vorgeprägt sind. Manche Imker geben in ihre Braträume – oft an zweiter bzw. vorletzter Stelle in der Folge der Rahmen – Leer- oder Baurahmen. Die Bienen bauen diese Rahmen ohne Mittelwand oder Draht mit den größeren Drohnen-Zellen zu kompletten Drohnen-Rahmen aus.
Da die Milben besonders gerne in die Drohnenbrut gehen, entnehmen diese Imker solche Baurahmen, wenn die Drohnenbrut verdeckelt ist und vernichten diese Brut samt den darin befindlichen Milben.
Wenn man solche Drohnenbrut öffnet, kann man die Milben als kleine rote Punkte deutlich erkennen. Ein Imker kann daraus seine Schlüsse ziehen, wie weit dieses Volk von Milben bedroht ist.
Diese Rahmen mit verdeckelter Drohnenbrut verfüttern manche Imker an die Hühner, andere geben das in den Sonnen-Wachs-Schmelzer. Das Wachs kann verwendet werden, die tote Brut kommt auf den Kompost.

Wenden wir uns der Frage zu, wie der Imker umgeht mit der Neubildung von Völkern. Mancher muss seine Winterverluste ausgleichen, andere wollen ihren Bienenstand vergrößern oder sie wollen Völker anderen zum Kauf anbieten.
Wie verfährt man?

Es gibt Imker, die sich selber als „Schwarm-Imker" bezeichnen. Sie warten ab, bis solch ein Volk schwärmt. Dabei gehen die Bienen in großer Zahl in die Luft, vielleicht 10 000 bis 20 000 Bienen.

Je nach dem Alter der Weisel, die diesen Schwarm führt, und ihrem Flugvermögen sammelt sich solch ein Schwarm ein erstes Mal 10 bis 100 Meter neben der alten Beute, oft an einem Ast oder in einem Busch, ein oder zwei Meter über dem Boden, aber auch in einer hohen Kiefer in 10 Meter Höhe, das kann sehr unterschiedlich sein.

Der „Schwarm-Imker" ist darauf vorbereitet. Er hat eine neue Beute parat, die nötigen Leer-Waben oder Mittelwände und ist auch selber schnell zur Stelle. Er platziert einen „Schwarmkasten" unter die Bienentraube, die sich am Ast aufgehängt hat, schlägt mit einem kurzen heftigen Schlag so gegen den Ast, dass die Bienen – zum allergrößten Teil – in den Schwarmkasten fallen und schließt den Kasten.
Wichtig ist, dass sich die Weisel im Kasten befindet. Nur dann „hat" er den Schwarm wirklich.
Man liest, man solle solch einen Schwarmkasten 24 Stunden an einen kühlen Ort, etwa einen Kellerraum bringen, um die Schwarmbienen zu beruhigen.
In meinem ersten Jahr mit Bienen hatte ich mehrere mich überraschende Schwärme. Ich musste ohne große Vorbereitungen handeln. Eine Beute und die nötigen Wabenrahmen hatte ich in Bereitschaft.
Auf meine telefonischen Anfragen bei älteren Imkern bekam ich manchen klugen Ratschlag, mit dem ich aber in meiner konkreten Situation nicht viel anfangen konnte.
Ich nahm also Hut und Schleier, einen größeren Pappkarton, wie ihn der Versandhandel benutzt, hielt den unter den Ast mit der Traube, schlug die Traube in den Pappkarton, bog die Deckel darüber und eilte zu der neuen Beute.
Auf einer Bodenplatte befand sich eine Zarge mit 11 Waben, darüber eine zweite leere Zarge. Dort hinein goss ich den Schwarm und legte sofort den Deckel auf die Zargen.

Den fast leeren Pappkarton stellte ich vor das offene Flugloch – die Bienen im Pappkarton und weitere umherfliegende „wittern" die Weisel in der neuen Beute und finden sich dann dort ein.

Ich hatte allermeist das Glück, dass der Schwarm die Beute annahm.

Am nächsten Tag entfernte ich die obere leere Zarge, um dort Wildbau zu verhindern. Da waren die Bienen schon mit den leeren Waben beschäftigt.

Das wurde ein gutes neues Volk.

So kann man mit Schwärmen imkern.

Später erlebte ich Schwärme in hohen Kiefern, die verloren gingen, weil man sie dort oben nicht einfangen konnte.

Ebenso konnte ich es an andern Standorten, wo es Trachtprobleme gab, nicht verhindern, dass Schwärme mehrfach eingefangen wurden, aber am folgenden Tag jeweils abflogen – trotz leerer, gut ausgebauter Waben mochten sie nicht bleiben.

Einmal hatte ich ein Volk bei Freunden, die auch Pferde hielten. Da kam es zum Schwarm, so dass das Pferd unruhig wurde, den Schwarm zum Stechen brachte und ein Tierarzt nötig war, das Pferd wieder in Ordnung zu bringen – der Schwarm hatte sich davongemacht, ehe ich eingreifen konnte.

Ein anderer Schwarm wählte eine doppelte Hauswand als neuen Wohnsitz. Als man mich dazu holte, war die Weisel bereits zwischen den Hauswänden, Bienen flogen zum Lüftungsloch aus und ein – niemand konnte die Bienen wieder entfernen, wenn man sie nicht töten wollte.

Ähnliches erlebte ich mehrfach in Schornsteinzügen, in benutzten oder auch leeren. Diese Schwärme konnte ebenfalls niemand mehr retten.

Unlängst rief man mich zu einem Schwarm, der sich in vier Meter Höhe in eine alte hohle Linde einquartiert hatte.

Die Anwohner waren wegen ihrer Kinder besorgt. Ich beruhigte sie. Der Schwarm ist dort nicht mehr herauszubekommen, wenn die Weisel in dem hohlen Stamm ist und dort brüten will. Aber die Bienen fliegen im Normalbetrieb, wenn sie von ihrem Schwärmen zur Ruhe gekommen sind, nur auf die Tracht, höher als die Köpfe der Menschen.

Das bestätigte sich, man beobachtete die Bienen, ohne dass besonderes zu befürchten ist.

Niemand weiß, was aus solchem Volk werden kann. Da auch niemand die Milben bekämpft, werden sie bald eingehen. Sie mögen Krankheiten u. ä. bekommen. Die Weisel kann schnell zu Tode kommen. Die überlebenden Bienen werden sich anderen Schwärmen oder Völkern anschließen. Wenn sie Honig bringen, können sie sich auch in fremde Beuten einbetteln.

Wenn sie bereits selber infiziert sind, verbreiten sie so ihre Krankheit.

Deshalb raten erfahrene Imker, nur eigene Schwärme, die man von der eigenen Beute bis zum Einfangen im Blick behalten hat, zu seinen Völkern hinzuzunehmen.

Fremde Schwärme unbekannter Herkunft, die bereits etliche Tage unterwegs sein mögen, sind sehr gefährlich und können den ganzen Bienenstand mit unbekannten Infektionen zu Tode bringen.

So viel zum Thema Schwärmen.

Das ist zwar die natürliche Völkervermehrung, zu der deshalb auch viele raten.

Aber da unsere Honigbienen sowieso nur in der Symbiose mit den Menschen überleben können, ist in meinen Augen eine andere Art der Vermehrung der Bienenvölker vorzuziehen, die nicht nur den Menschen manche Mühe und manches Risiko erspart, sondern auch die Bienen vor Krankheit, Tod und vermeidbarer Tierquälerei schützt.

Damit kommen wir zur Ableger-Bildung von Bienen-Völkern. Je nach Verlauf des Wetters Ende Mai, Anfang Juni, bevor die Völker in irreversible Schwarmstimmung kommen, öffne ich die Braträume und entnehme jeweils 60 bis 70 % der Brutwaben. Dabei schaue ich jeweils gründlich, dass verdeckelte und unverdeckelte Brut auf diesen Waben zu sehen ist, nicht nur auf den entnommenen, nein, auch auf den verbleibenden (!). Ich achte nicht extra auf die Weisel, die sich nicht gerne zeigt.

Vorher habe ich festgelegt, wie viele Ableger ich bilden will, einen pro Volk oder auch von zwei Völkern einen gemeinsamen u. ä.. Das hängt davon ab, mit wie viel Völkern ich in den Winter gehen will. Ich bin ein kleiner Hobby-Imker und will das bleiben. Meist könnte man mehr Ableger bilden, als man eigentlich braucht.

Wenn ich Nachfragen habe nach neuen Völkern, die andere eventuell neue Imker im nächsten Jahr übernehmen wollen, bilde ich mehr Ableger, sonst eben weniger.

Die neuen Beuten stehen an dem Platz, an dem sie auch über den Winter stehen bleiben sollen. In leere ausgebaute Waben, je eine pro Ableger-Beute, habe ich Wasser fließen lassen.

Die neuen Völker haben anfangs keine Flugbienen, brauchen aber Wasser, um damit den Honig an die Brut verfüttern zu können.

In jede Ableger-Beute gebe ich nun die Brutwaben, die ich den bisherigen Völkern entnommen habe, dazu in jeden Ableger eine oder zwei Honigwaben als Nahrung für die Brut für die Zeit, in der der Ableger noch keine eigenen Flugbienen hat, also für die ersten Tage.

Alle freien Plätze bei den alten und neuen Völkern fülle ich mit leeren ausgebauten Waben oder mit Mittelwänden; wie auch immer die Verteilung dabei sein mag, sind es insgesamt elf pro Ableger.

Ich verschließe die alten und die neuen Völker in ihren Beuten, die alten Völker auf drei Zargen (2 Brutzargen + 1 Honigraum), die Ableger jeweils auf einer Zarge.

Vielleicht fragen Sie nach den Weiseln: Wo stecken die jeweils? In den alten Völkern? Oder in den Ablegern?

Ich weiß es nicht, und meine jahrelange Erfahrung besagt, dass ich das auch nicht zu wissen brauche. Da, wo die jeweiligen Weiseln sind, werden sie weiter ihrem Brutgeschäft nachgehen, so gut das jeweils möglich ist.

Bei den nun weisellosen Völkern werden die Bienen sofort Weiselzellen bilden, soweit diese nicht bereits in Arbeit sind – tragen die entnommenen Brut-Waben verschlossene Weisel-Zellen, verteile ich die so auf die Ableger, dass jeder möglichst eine Weiselzelle mitbekommt.

Sollten keine Weisel-Zellen vorhanden sein, beginnen die Bienen sofort mit dem Bau.

In diese neuen Zellen verbringen sie unverdeckelte Brut, ernähren die sachgemäß und haben nach spätestens zwei Wochen eine neue Weisel, die vermutlich nach drei Wochen ihr Brutgeschäft aufnimmt.

Die Erfolgsrate bei dieser Ablegerbildung beträgt bei mir über viele Jahre deutlich mehr als 90 %. Ich tue den Bienen dabei keinerlei quälende Gewalt an, nutze stattdessen ihre natürliche Veranlagung, sich in ihrer Sommerzeit neue Weiseln selber zu ziehen, wenn sich dazu die Notwendigkeit ergibt.

Misslingen kann dieses Vorgehen, wenn ich aus einem Volk nicht nur alle offene Brut entnehme, sondern auch die alte Weisel dazu. Solch ein Volk würde dann zugrunde gehen.
Die andere Gefahr besteht darin, dass eine junge geschlüpfte Weisel beim Hochzeitsflug verunglückt: eine Hornisse mag sie fangen oder ein Vogel, der gerne Bienen frisst.
Aber wie gesagt, diese Gefahren sind sehr gering.

Deutlich wird bei meinem Vorgehen auch eins, das sicher manchen alten erfahrenen Imker den Kopf schütteln lässt: Manche Imker achten sehr auf ihre Weiseln, junge Weiseln bekommen mit Klebstoff ein Schild auf den Rücken, das das Jahr verdeutlicht – Weisel werden drei bis fünf Jahre alt, das Schild zeigt, mit was für einer Weisel es der Imker bei diesem Volk zu tun hat.
Manche Imker kaufen besondere Weisel, die z. B. auf einer Belegstation befruchtet wurden, nur von besonderen Drohnen, die diesen Königinnen besondere Eigenschaften für deren Nachkommenschaft vermitteln sollen: Friedliche Bienen, die einen hohen Ertrag gewährleisten sollen u. ä.
Da werden dann „normale Völker" mit solcher „Hochleistungs-Weisel" umgeweiselt, d.h. der Imker tötet deren Weisel und setzt die andere zu und hofft, dass diese Bienen die neue Weisel akzeptieren.
Das gelingt keineswegs regelmäßig, wenn man den Berichten trauen darf. Manche solcher „Hochleistungs-Weisel" war den Bienen wohl zu friedlich und wurde abgestochen und sie zogen sich selber eine andere Weisel.
Bienen sind unabhängige Lebewesen, keine Maschinen. Sie reagieren, wie sie selber es für sinnvoll halten, mag das den Imker noch so sehr ärgern, da er viel Mühe und Geld aufwendet und dann keinen Erfolg sieht.
So hört man z. B. auch von Bienenvölker, die eine Zeit lang mit zwei Weiseln gleichzeitig lebten, obwohl das gemäß aller Literatur nicht vorkommen soll.

Ich vertrete eine Imkerei, die den Bienen so viel Freiheit lässt wie irgend sinnvoll. Ich schaue nur möglichst selten in den Brutraum (im Frühjahr einmal zur großen Durchsicht, wenn ich die Bodenplatte säubere oder auswechsele; dann noch einmal bei der Ableger-Bildung), sonst interessiert mich nur der Honigraum, wenn das Gewicht für ein Schleudern spricht.

In der Literatur liest man, dass der Imker nicht öfter als einmal in der Woche in den Brutraum schauen soll – in der Phase, wo die Weisel durch konsequente Brut die Zahl der Arbeitsbienen steigert, damit bei voller Tracht möglichst viele Flugbienen zur Verfügung stehen.
In dieser Wachstums-Phase des Bienenvolks stellt die Weisel bei jeder Öffnung des Brutraums für einen Tag das Eierlegen ein – die Temperatur von 37 Grad (Celsius) fällt beim Öffnen auf unter 20 Grad. So werden über tausend Bienen entsprechend später auf einen Tracht-Flug gehen können.
An diesen Rat halte ich mich in der Form, dass ich noch seltener den Brutraum öffne.

Manche Imker raten, ab Mai den Brutraum wenigstens wöchentlich auf Weiselzellen zu kontrollieren und diese gegebenenfalls auszubrechen, um so Schwärme zu verhindern.
Auch das alles unterlasse ich. Dadurch dass ich regelmäßig das Gewicht kontrolliere, mache ich mir ein Bild, ohne dass ich in die Beute hineinzuschauen brauche.
Das Gewicht und die Betrachtung der Fluglöcher, des allgemeinen Verhaltens der Bienen und die sich danach richtende künstliche Ablegerbildung hat dafür gesorgt, dass ich seit vielen Jahren bei mir keinerlei Schwärme mehr erleben brauchte.

Das „Abschleudern"

Das „Abschleudern" nennt der Imker den Vorgang, mit dem er das eigentliche Bienenjahr beendet.

Er nimmt dazu den Honigraum von der Beute, fegt die ansitzenden Bienen ab und schleudert den Honig aus den Waben.

Dann hat das Volk keinen ausreichenden Wintervorrat mehr, und er muss mit Zucker zufüttern.

Das geschieht wieder unterschiedlich. Man kann festen Futterteig kaufen, den man in speziellen Waben-Rahmen in die Hinterbehandlungsbeute einhängen kann.

Für die Magazine gibt es besondere Futter-Zargen, die man auf die oberste Brutzarge aufsetzt und in die man bis zu 10 Liter flüssiges Zucker-Futter einfüllen kann, ohne dass die Bienen frei fliegen können – ein Loch-Blech trennt den Bereich des Nachfüllens von dem, in dem die Bienen auf das Futter zugreifen. So kann man abends bequem füttern, wenn keine Flugbienen unterwegs sind, die stören könnten. Angeblich soll das Füttern am Abend auch einer möglichen Räuberei der Bienenvölker untereinander vorbeugen (?).

Wer solch Futter selber herstellt, nutzt meist die Formel 2 Liter Wasser auf 3 Kg Zucker. Das Wasser wird erwärmt und dann der Zucker hineingerührt, bis er sich völlig aufgelöst hat. Das Ergebnis kann man dann in die Futterzarge gießen.

Wenn man dabei das Gewicht berechnen will, sollte man berücksichtigen, dass die Bienen einen großen Teil des Wassers im Futter verdunsten lassen: 5 Liter Zucker-Wasser bringt deutlich weniger als 5 Kilo Gewichtszunahme des Volkes!

Ich habe das manches Jahr selber so oder so ähnlich gemacht.

Ich wog das Volk auf zwei Brutzargen und brachte es dann mit solchem Zusatz-Futter auf 35 – 40 Kg Gesamtgewicht, damit kommen solche Völker nach meinen Erfahrungen gut über jeden Winter.

Den Ablegern, die bis dahin nur auf einer Zarge standen, gab ich aus den Waben der Honigräume der anderen Völker, die ja nun frei geworden waren, eine zweite Zarge. Auch die Ableger brachte ich entsprechend auf 35 – 40 Kg Gesamtgewicht.

Das hat auch den Vorteil, dass ich die ausgebauten Waben nicht an anderem Ort aufbewahren muss, wo mir Wachsmotten u. ä. alles ruinieren können.

Jeder Imker muss sich nach dem Honigschleudern um die ausgeschleuderten Waben kümmern und Gedanken machen. Wenn er viele Völker hat und deshalb im Mai oder Juni jede Woche schleudern kann, dann liegen diese Waben nie lange unbeaufsichtigt. Aber auch in dem Fall kann sich Ungeziefer einstellen.

Der Imker soll einen Schrank u. ä haben, solche Waben geschützt zu lagern.

Ich habe solch einen Schrank, in dem diese Waben eingehängt werden können. Die Türen schließen dicht und ich habe darin ein Schälchen, in das ich regelmäßig konzentrierte Essigsäure gebe. Darin halten sich weder Motten noch Ameisen. Der Schrank hängt im Freien unter einem Schutzdach – bei Frost im Winter ist da nichts zu fürchten. In der warmen Jahreszeit sind Wachsmotten sehr gefährlich. Hat man die einmal in seinen Waben, braucht es sehr starke und gesunde Völker, die die von sich aus beseitigen. Schwache Völker werden dann damit nicht fertig.

Imker raten zum „Abschwefeln", allein der Waben oder auch der ganzen Völker (!). Im Fachhandel kann man entsprechende Schwefel-Flocken kaufen, die man in Blechbüchsen anzünden kann – in der Beute oder in dem Schrank, in dem man das veranstaltet, überlebt kein Lebewesen. Das wird auch sehr heiß. Man muss darauf achten, dass nicht alles abbrennt.

Ehe man zu solch brachialen Mitteln greift, soll man darauf achten, dass ausgebaute Waben nicht unbeaufsichtigt bleiben. So gebe ich sie gerne in Ableger-Völker, die so in zwei Zargen überwintern, auch wenn die Ableger noch so klein sind, dass sie auch in einer Zarge mit dem nötigen Futter gut über den Winter kämen.

Bisher habe ich das traditionelle Abschleudern geschildert. Seit etlichen Jahren praktiziere ich anderes.

Bereits mitten im Bienenjahr addiere ich die ermittelten Gewichte meiner Völker, berechne 40 Kg pro Volk und lege fest, wie viele Völker ich einwintern will, einschließlich der Ableger.

Sollen das z.B. fünf Völker werden, dann peile ich insgesamt 200 Kg Gesamtgewicht an. Was darüber ist, wird geschleudert. Das andere bleibt für den Winter als Futter.

Am Tage des Abschleuderns beginne ich mit einem starken Volk, entnehme dem Honigraum eine Wabe nach der anderen, fege sie gründlich von den ansitzenden Bienen ab und lagere sie bienendicht zwischen.

Ich lege die dritte nun leere Zarge und das Trenngitter bei Seite, wiege den Rest und entscheide dann, ob das etwa den nötigen 40 Kg entspricht.

Ist das deutlich unter 35 Kg, suche ich in den Bruträumen leere Waben heraus und tausche sie gegen vollere Honigwaben aus dem Honigraum.

Ich könnte dieses erste Volk bereits wieder schließen und mich anderen zuwenden.

Aber praktischer weise schließe ich gleich die erste Ameisensäure-Behandlung an: Ich setze wieder die leere Zarge darauf, breite auf die obere Schicht der Waben-Rahmen eine Styropor-Platte (ca. 350 x 350 mm, 10 mm stark), auf die ich eine textiles Verdunster-Tuch in ähnlicher Größe lege. Darauf steht der „Nassenheider-Verdunster", den ich – je nach Volk-Stärke – mit 100 bis 150 Millilitern 60 %iger Ameisensäure befüllt habe. Dann erst schließe ich die Beute.

Dann beginnt diese Arbeit beim zweiten Volk.

Habe ich in meinen Zwischenlager-Kisten ordentlich Honigwaben, wende ich mich auch einem Ableger zu. Der bekommt zuerst eine zweite Brutraum-Zarge, gefüllt mit Honigwaben, so dass das Volk auf 35 – 40 Kg kommt – das Gewicht kontrolliere ich immer wieder mit der Waage. Dann erfolgt auch für den Ableger eine entsprechende Milben-Behandlung: eine weitere Leerzarge, ein Verdunster und 100 Milliliter Ameisensäure.

Habe ich vorher richtig gewogen und gerechnet, passt schließlich alles zusammen. Einige leicht mit Honig angefüllte Waben mögen übrigbleiben, wenn die Zahl der Ableger kleiner ist als die der Wirtschaftsvölker. Die kann ich schleudern oder auch in meinen mit Essig geschützten Schrank hängen.

In der ersten Zeit habe ich gelegentlich Honigwaben aus dem Honigraum eines Volks in den Brutraum eines Ablegers gehängt, ohne die Bienen daran abzufegen (!).
Wer das liest, mag denken: Warum nicht? Bienen zu Bienen, was spricht dagegen?

Es ist ein schlimmer, sehr gefährlicher handwerklicher Fehler, vor dem ich leider in der Literatur noch keinerlei Warnung gelesen hatte.

14 Tage nach diesem „Abschleudern" auf meine Art begann eine große „Räuberei": Die Flugbienen des starken Volkes, von dem ich die Honigwabe genommen hatte, belagerten die deutlich schwächeren Ableger, plünderten deren Honig-Bestände, bis diese Völker tot waren.

Die Bienen, die ich mit der Wabe in den Ableger hinübergenommen hatte, erinnerten sich, wohin sie gehörten, flogen dorthin zurück und teilten den anderen Bienen mit, wo sie ihren Honig wieder finden würden …

Räuberei gibt es auch sonst immer wieder bei Imkern. Starke Völker versorgen sich so in trachtarmer Zeit. Auslöser ist jedoch wohl stets irgendeine „Eselei" des verantwortlichen Imkers.

Alles was man in dem Zusammenhang liest wie „Flugloch-Verengung" usw. habe ich versucht – ohne jeden Erfolg. Kaputt gehen meist alle betroffenen Völker, die, die ausgeraubt werden, aber auch die, die ausrauben: sie nehmen schließlich von dem sterbenden Volk die überlebenden, oft bereits irgendwie infizierten Bienen mit und stecken sich an. So jedenfalls meine Erfahrungen.

Seitdem ich alle Rahmen, die ich unter meinen Völkern nach wie vor regelmäßig austausche, vorher gründlich abfege, habe ich keinerlei Räuberei mehr erlebt.

Um Missverständnisse zu vermeiden: Dieses Abfegen der umzusetzenden Waben gilt für die Zeit des Endes des Bienenjahrs. Bei der Ablegerbildung – etwa im Mai – herrschen deutlich bessere Trachtverhältnisse, die Flugbienen finden Nektar, den sie dem Honig vorziehen. Wenn man bei der Ablegerbildung die Brutwaben umsetzt, sollte man möglichst viele der ansitzenden Bienen mitnehmen – das bekommt dem Ableger ausgesprochen gut, das hat er nötig. Sonst gibt es kein neues Volk.

Vermutlich haben die ansitzenden Bienen gegenüber der Brut einen Pflege-Zwang, der sie daran hindert, diese Waben zu verlassen.

Bei den Honigwaben im Honigraum stellt sich das dann in der trachtarmen Zeit anders dar.

Es gibt zwischendurch auch schlechte Jahre, in denen die Bienen zu wenig Tracht haben. Da bleibt kein Honig und ich muss sogar mit Zucker zufüttern. Glücklicherweise eine große Ausnahme.

Eine Woche nach diesem „Abschleudern" nehme ich die Verdunster wieder weg, baue die Leerzargen ab und die Völker ergeben das Winterbild auf zwei Zargen.

Sollte irgendein Zufüttern wirklich nötig sein, geschieht das im Anschluss an die Milben-Behandlung.

Wie gesagt, wiederhole ich Ende August/ Anfang September bei sonnigem Wetter die Verdunster-Prozedur, Leer-Zarge, Nassenheider-Verdunster und 150 Milliliter Ameisensäure 60 %.

Eine Woche später herrscht von mir aus Winterruhe bei den Bienen.

Vermischtes, Ergänzungen, Kleinigkeiten

Wie ist das nun mit dem **Heidehonig**?
Wie kann der Imker Anfang Juli abschleudern und gegen die Milbe behandeln, wenn die Heide erst viel später blüht?
Für Heide-Imker gelten andere Regeln.
Auch für Heide-Honig gilt anderes als für die meisten anderen Honige.
Heide-Honig ist für die Bienen schwer verdaulich (wie auch der der „Goldenen Raute", die bei uns im Spätsommer viel blüht und mit dem die Bienen als Winterfutter Probleme bekommen können).

So sagte man, dass die Heide-Imker die Hälfte ihrer Völker vor dem Winter auflösen oder gar abtöten würden, um deren Honig verwerten zu können. Es galt die Regel, die schwachen und die starken Völker aufzugeben; die schwachen, weil sie zu schwach seien; die starken, weil sie für den Winter zu viel Futter brauchen würden (!). Die im Winter mit Zucker überlebenden Völker werden dann im Frühjahr geteilt (Ableger-Bildung!), und der Imker geht so wieder in die Heide, wenn sie zu blühen beginnt.
Eine Milbenbehandlung kann solch ein Imker im Frühjahr vornehmen. Er verkauft dann den Honig dieser Jahreszeit nicht, sondern nutzt ihn als Winterfutter, nachdem er im Herbst den Heide-Honig zum Verkauf entnommen hat.
Wie weit das so heute immer noch praktiziert wird, ist mir im Einzelnen unbekannt. Wer Zugang zur Heide hat, wird das auf seine Weise zu nutzen verstehen.

Das hier Beschriebene wird sinngemäß zu übertragen bzw. anzuwenden sein. Heide-Honig ist jedenfalls kein Winterfutter, dafür wird man anderes vorzusehen haben. Wie auch bei dem Honig der Goldenen Raute ist Zucker-Futter vorzuziehen.

So wird man immer Imker finden, die auf ihre Zucker-Fütterung schwören – sie werden mit entsprechenden Honigen schlechte Erfahrungen gemacht haben.

Schon vor hundert Jahren gab es unter den Imkern Diskussionen über den Sinn und den Umfang der Zucker-Fütterung. So empfiehlt ein damals bekannter Imker, die Völker zur Hälfte mit Zucker und zur Hälfte mit Honig über den Winter zu bringen. Ganz auf den Zucker zu verzichten, schien ihm wohl im Blick auf den Ertrag unzumutbar.

Wie geht es Bienen im Winter?

Meine freistehenden Beuten sind gelegentlich total eingeschneit, die Fluglöcher verweht, angetauter Schnee führt zu vereistem Harsch - wie können da Bienen überleben?

Ich weiß nicht, wie sie das machen, aber ich weiß, dass sie das tun.

Die Beuten haben an der Unterseite größere Lüftungsöffnungen, die durch Gitter geschlossen sind, aber die vermutlich auch vom Schnee nicht luftdicht verschlossen werden. Andere Imker schreiben, dass direkt am Flugloch zwischen der Beutenwand und dem vereisten Schnee sich eine feine schmale Spalte entwickelt, die immer Luft zirkulieren lässt.

Haben die Bienen genug Futter, geht es ihnen gut. Auch die Temperatur-Gegensätze sind im Winter geringer als im Sommer.

Wer das nicht glaubt, soll sich klarmachen: Im Sommer herrscht im Brutnest eine Temperatur von 37 Grad, der Durchschnitt von Tag und Nacht dürfte da etwa bei 15 Grad liegen.

Die Differenz, die die Bienen temperaturmäßig auszugleichen haben, beträgt dabei 22 Grad, oft sicher mehr, weil die Nächte im Frühling kalt sein können.

Im Winter reicht den Bienen in der Wintertraube der Beute ohne Brut eine Temperatur von 10 Grad. Die Mitteltemperatur beträgt bei uns im Januar wenige Grad unter Null – die Differenz also 10 - 15 Grad!

Die Bienen „heizen" im Winter, indem immer einige Bienen am Außenrand der Wintertraube mit heftigen Flügelbewegungen Muskel-Wärme erzeugen. Dabei lösen sich die Bienen ab.

Bei kalten Wintern schlafen die Imker ruhig. Gibt es im Januar warme Tage, muss man damit rechnen, dass Völker vorzeitig in Brut gehen. Dann droht das Winterfutter nicht mehr zu reichen und auch gesunde Völker können so eingehen.

So verfolge ich auch im Winter regelmäßig die Gewichtsentwicklung meiner Bienen-Völker.

Was bedeutet das Wort „**Tracht**"?
Bei Bienen geht es nicht um eine Tracht Prügel, hier spricht der Imker von Tracht, wenn seine Bienen bei einer bestimmten Blüte in kurzer Zeit viel Nektar ernten können.

Die Obst-Blüte ist die erste richtige Tracht für die Imker im Jahr, am Raps-Feld gibt es die Raps-Tracht.

In manchen Jahren beklagt der Imker, dass es keine richtige Tracht gibt. Spätfrost, Kälte und Regen lassen die Bienen hungern.

In manchen warmen Jahren sorgt die Sonne für Waldhonig: Blattläuse auf den Tannen oder Kiefern geben Nektar, den die Bienen sammeln, gelegentlich eine richtige Tracht.

Entsprechendes gilt für die Heideblüte oder andere Spättracht. Ich habe bei mir an zuckersüßen Trauben im Oktober bei Sonnenschein die Bienen beobachten können, wie sie sich am Traubensaft gütlich taten; auch eine richtige Tracht.

Was Tracht für die Bienen bedeutet, wird deutlich, wenn sie an bestimmten Orten fehlt, wo es so niemand vermuten würde:

Ein guter Bekannter bat mich für seinen Obstgarten um ein Bienenvolk wegen der Befruchtung seiner Bäume. So stellten wir dort ein Volk auf.

Solange das Obst blühte – kein Problem. Das Wiegen ergab ein stetes Wachstum. Das stoppte urplötzlich, als die Bäume abgeblüht waren. Ich musste meine Bienen wieder abholen.

Der Gärtner wollte das nicht begreifen.

Ich sagte: „Schau dir deinen Garten an! Wo sind da Wildkräuter? Siehst Du einen Löwenzahn, eine Taubnessel, irgendein Schöllkraut oder dergleichen?"

Er: „Solches Unkraut wirst du bei mir nicht finden, das ginge gegen meine Ehre."

Ich: „Dann verhungern bei dir eben die Bienen. Du machst keinen natürlichen Gartenbau, sondern so was Ähnliches wie Massentierhaltung oder Monokultur."

Ähnliche Probleme haben Imker im Hochwald, wo alles sehr nach Natur aussieht. Da verhungern zwar die Bienen nicht gerade, aber der Honigertrag ist oft deutlich unterdurchschnittlich, der Honig selber schmeckt sehr gut, der Imker hätte nur gerne erheblich mehr davon.

Das Gegenteil gilt von der Großstadt. In Berlin imkern immer mehr Menschen, auf den erstaunlichsten Flächen, mitten im Verkehrsgetümmel; auf freien Wiesenstücken, Kleingärten, Terrassen, Balkonen und auf vielen Flachdächern hoch über der Stadt.

Wie man hört, mit erfreulichen Erträgen. Wildkräuter wie Löwenzahn u. ä. entfernt man dort weniger konsequent als im dörflichen Ertragsgarten.

Auf viel Balkons blühen die Blumen das ganze Jahr über, genügend Menschen wetteifern um den schönsten Anblick, die Schreber-Gärten bringen das Ihre. Nicht zu vergessen die Straßenbäume in Berlin.

Warum sollen da Bienen nicht überleben können?

Die Mischung macht's eben.

Hier bin ich an einem für mich sehr wichtigen Punkt, der mich dazu gebracht hat, das alles einmal aufzuschreiben:

Die Mischung macht's eben.

Vielleicht haben Sie den Film „More than Honey" gesehen, „Mehr als Honig". Da geht es um das Überleben der Bienen. Bedroht ist das durch Monokulturen, dort gezeigt am Beispiel des Anbaus der Mandeln in Kalifornien.

Natur bedeutet Vielfalt, Mischung. Das mag manchen ängstigen, der alles hübsch ordentlich um sich herum haben möchte, z.B. in seinem Garten:

Keine bunte Wiese, sondern einen gepflegten „englischen" Rasen. Keine Obstbäume, unter denen vielleicht einmal faule Äpfel aufzusammeln sein mögen, madige Pflaumen oder anderes hässliches Zeug und wo man dann noch Laub harken muss, stattdessen lieber Tännchen, die eigentlich auch immer hübsch klein bleiben sollen. Damit sie nicht so viel Schatten geben.

In meinen Augen nichts als Monokultur. Kein Leben, sondern eingefrorene Eiszeit, wo kaum ein Tier eine Lebensmöglichkeit findet.

Zum Leben gehören faule Äpfel, madige Pflaumen und im Winde bewegtes buntes Herbstlaub, Löwenzahn auf den Wiesen, Wildkräuter aller Art und die Freude, dazwischen auf einmal ein neues Blatt, einen anderen Trieb zu erkennen, der da bisher noch nicht zu sehen war.

In meinem Garten trifft man außer Bienen auf Blindschleichen und Igel, aber auch verschiedene Arten von Mäusen, so dass ich meine Bienenbeuten im Winter an den Fluglöchern mit Mäusegittern versehen muss – ohne die hatte ich gelegentlich eine mumifizierte Maus in einem starken Volk oder ein von Mäusen zerfressenes abgestorbenes Schwächeres.

Bei uns gibt es auch Ameisen in unterschiedlichen Größen. Die bedrängen gelegentlich die Bienen.

Im zeitigen Frühjahr habe ich es bei schwächeren Völkern wiederholt erlebt, dass sich etliche große Waldameisen in das Flugloch setzten und die Flugbienen daran hinderten, in die Beute hineinzukommen.

Nachdem das erste Volk daran kaputtging, habe ich mich genauer damit befasst. Die Flugbienen betteln sich in der Situation offensichtlich anderswo ein, so dass das Volk am Mangel von Flugbienen stirbt.

Ich habe Klebstoff um das Flugloch herum aufgetragen, den man für die Baumringe im Fachhandel anbietet. Das hilft.

Der Klebstoff geht aber später nur schwer wieder ab und sieht sehr hässlich aus. Außerdem muss man immer wieder nacharbeiten, weil die Ameisen Mittel und Wege suchen, darüber hinwegzukommen.

Besser schützt das angegriffene Bienenvolk, wenn ich den Blechdeckel, den man sinnvollerweise auf den Magazinen zusätzlich nutzt, als Wasserschüssel verwende, in die ich die Kunststoffbeute hineinstelle. Solange da zwei Zentimeter Wasser um die Beute steht, kommt keine Ameise zu nahe. Es darf nur kein Busch oder Zweig in der Nähe sein - Ameisen betätigen sich wie Fallschirmspringer!

So warte ich immer noch darauf, dass der Imker-Fachhandel entsprechende Plastik-Gefäße anbietet, etwa 60 x 60 cm, fünf bis 10 cm hoch, in der Mitte mit einer passenden Erhebung für die Bodenplatte der Beute, so dass man ungehindert wiegen kann.

Das geht nämlich mit diesen Blechdeckeln nicht. Wenn ich die Beute dabei auf Steine stelle, fürchte ich, dass das alles ins Kippen gerät, wenn ich die Federwaage ansetze.

Diese Bedrohung durch Waldameisen geht ab Mitte April von alleine zu Ende. Von der Biologie der Ameisen weiß ich nicht genug, um dafür eine Erklärung geben zu können.

Vielleicht sind zu der Zeit einfach alle Bienenvölker zu stark, als dass die Ameisen dagegen zum Kampf antreten.

Das Leben mit Bienen geschieht bei uns ziemlich ruhig und ungefährlich. Das ist aber nicht überall so.

Beeindruckt haben mich zwei Fernsehberichte:

Einmal aus Indien, wo im Sommer in einem unzugänglichen Fels-Steil-Hang große Bienen meterlange Wabenbärte offen erstellen, in denen sich Honig findet – eine sehr ansprechende Form von Wildbau.

Zu bestimmten Zeiten im Herbst seilen sich mutige Imker von höheren Positionen in der Form ab, dass sie vom Seil und einer daran gebundenen Leiter aus diese Bärte mit einer etwa 2 Meter langen Stange abstoßen und zugleich mit einem an einer ähnlichen Stange befestigten Korb auffangen können.

Die beteiligten Imker riskieren dabei in jedem Fall ihre Gesundheit, vermutlich zugleich auch ihr Leben.

So wichtig ist den Menschen dort das Imkern!

Ein zweiter Bericht im rbb zeigt die Situation in Bangla Desh.
Der „Wetterfrosch" Sven Plöger berichtete von einer Reise der
diakonischen Spendensammlung „Brot für die Welt":
Dort hat bei Überschwemmungen das Salzwasser Reisfelder
unbenutzbar gemacht. Die Menschen versuchen daraufhin,
sich mit Imkern im (Ur-)Wald vor dem Verhungern zu
schützen. Die Männer riskieren dabei ihr Leben, da dort Tiger
auf sie lauern.
Auf die Frage, wie viele der Frauen dabei ihre Männer
verloren hatten, hob die Hälfte der Anwesenden den Arm (!).
Hier geht es wieder um ein Imkern auf Leben und Tod!
Das diese Situation darüber hinaus noch Belastende – für uns
völlig Unverständliche - liegt darin, dass der vorherrschende
Aberglaube diese Frauen für den Tod ihrer Männer
verantwortlich macht: Deren eventuelles früheres
Fehlverhalten würde mit dem Tod der Männer bestraft (!).

Was sind wir Imker in unserem Lande froh, dass hier andere
Bedingungen herrschen!
Und – machen wir uns nichts vor! – Waldimkerei, das Zeideln,
gab es bei uns in den zurückliegenden Jahrhunderten, um
nicht von Jahrtausenden zu sprechen, vermutlich in ähnlicher
Form und mit vergleichbaren Risiken.
Die Aufklärung und ein „wissenschaftlicher Fortschritt" wirkt
sich eben auch auf diesen Gebieten aus.
Das Imkern mit Magazinen und Hinterbehandlungsbeuten,
mit Zargen und Wabenrahmen, gibt es auch bei uns erst seit
weniger als 200 Jahren.
Die ersten Imker, die im 19.Jahrhundert auf diese Ideen
kamen, lebten in Schlesien, in Böhmen und in Österreich.
Von Mitteleuropa ging diese Technik in die ganze Welt,
soweit sie sich diesen „Fortschritt" leisten kann.

Aber alles das gehört zu einem Leben mit Bienen, sei dem im Einzelnen, wie es sei.

Für uns heutige Menschen in unserem Land erscheint ein gefahrloses, bequemes Leben selbstverständlich – alles andere weisen wir als Zumutung von uns.
Damit das so bleibt, damit das auch für unsere Kinder und Enkel gelten soll – wie gehen wir da mit dem „Einstein-Zitat" um?
Wie können wir auf die Natur und ihre Lebewesen Rücksicht nehmen, soweit sie noch nicht wirklich zerstört oder vernichtet sind?
Wie weit sind wir bereit, unsere Bequemlichkeit (und auch unsere Sparsamkeit – um nicht vom Geiz zu reden) einzuschränken?
Wie weit sind wir zu irgendwelchen Formen von Engagement bereit – vorübergehend oder auch für eine längere Phase unseres Lebens?
Diese Fragen mag jeder von uns für sich beantworten, verantwortlich dafür ist er nur gegenüber sich selber und seiner Familie oder seinen Kindern und Enkeln.
Aber von daher wird jeder von uns mit Fragen rechnen müssen.

Solchen Fragen mag man sich stellen wollen – oder auch nicht.

Werden wir praktisch:
Die Bienen und die Blüten gehören zusammen. Was bedeutet das für den öffentlichen Raum? Kommunales Grün gehört neu überdacht!
Was spricht gegen Blumen auf einer Wiese, die nicht wöchentlich, sondern nur zweimal im Sommer gemäht wird? (Wer seinen Rasenmäher gerne öfter benutzen will, mag in solche Wiese regelmäßig die von ihm benutzen Wege hineinmähen!)

Herrlich schmecken frische Äpfel vom eigenen Baum – auch weniger bekannte Sorten schlagen mühelos das Obst, das man im Geschäft oder auf dem Markt kauft, das nie so frisch sein kann, wie der Apfel, den man selber vom Baum nimmt und hineinbeißt.

Selbstgerührtes Apfelmus aus der „flotten Lotte" schlägt jeden Vergleich mit irgendwelchen Konserven.

Machen Sie selber die entsprechenden Proben:

Natur wird Sie immer wieder überraschen. Guter Geschmack, Frische und Aroma kann niemand wirklich konservieren.

Solches Leben ist bedroht, wenn die in Einsteins Worten anklingenden Zustände Realität werden.

Holger Ackermann:

Er ist Obmann für Öffentlichkeitsarbeit im Landesverband Brandenburgische Imker E.V.
Er imkert seit 2003 mit 15 bis 20 Völkern. Seine Arbeit als Obmann umfasst die Zusammenarbeit mit den Medien, zum Beispiel mit dem Radio, dem Fernsehen und etlichen Zeitungen.

Ulrich Krum(in):

Er ist Pfarrer im Ruhestand und lebt in einem Dorf bei Berlin.
Auch er imkert seit 2003 mit 5-15 Völkern.
Seit einigen Jahren betätigt er sich literarisch.
Er hat bereits vier andere Romane veröffentlicht:

1. **Die Konferenz** *oder* wie Markus zu seinem Evangelium kam
2. **SMS Münster**, ein Marine-Offizier erinnert sich
3. **Fußball im Knast**, ein Spiel wie es ist und wie es sein könnte
4. **Friedrich der Andere,** Friedrich Engels, wie man ihn nicht kennt

An der Arbeit zu "Leben mit Bienen" war auch wieder seine Ehefrau Alla Bulgakova und sein Sohn Karl Krum beteiligt, denen hier ausdrücklich gedankt sein soll.

Zum Namen:
Der Familienname lautete ursprünglich einmal „Krumin" und wurde irgendwann zu „Krum" verkürzt.
Da Deutsche diese Namensform oft mit „krumm" verwechseln, benutzt der Autor gerne wieder die Langform.